孩子的未来取决于爸爸

杨馥◎著

四川科学技术出版社

图书在版编目（CIP）数据

孩子的未来取决于爸爸 / 杨馥著 . -- 成都 : 四川
科学技术出版社 , 2017.7

ISBN 978-7-5364-8751-2

Ⅰ . ①孩… Ⅱ . ①杨… Ⅲ . ①家庭教育 Ⅳ . ① G78

中国版本图书馆 CIP 数据核字（2017）第 180220 号

孩子的未来取决于爸爸

HAIZI DE WEILAI QUJUEYU BABA

著　者　杨　馥

出 品 人　钱丹凝
策 划 人　王长江
责任编辑　罗　芮　康永光
封面设计　梁　霞
出版发行　四川科学技术出版社
　　　　　成都市槐树街 2 号　邮政编码 610031
　　　　　官方微博 http://e.weibo.com/sckjcbs
　　　　　官方微信公众员：sckjcbs
成品尺寸　**165mm×235mm**
印　　张　**13.75　字数 180 千**
印　　刷　三河市金元印装有限公司
版　　次　2017 年 9 月第 1 版
印　　次　2017 年 9 月第 1 次印刷
定　　价　**32.00 元**
ISBN 978-7-5364-8751-2

邮购：四川省成都市槐树街 2 号　邮政编码 610031
电话：028-87734035　电子信箱：SCKJCBS@163.COM

路线，决定孩子的未来

很多人都有旅游的经验，在同样一个景区，选择不同的路线，可能会有不同的观景效果。但是，我们寻常的旅游，只会选择一种路线，也就是说，你选择了一种路线的时候，就意味着放弃其他的路线。

当然，旅行家除外。一个热爱旅游的人，对于他钟情的景区会反复游览，而且每次会选择不同的路线来获取不同的观景感受。

教育其实也是一次旅游，也有路线问题。只不过，教育更像常规的旅游，你通常只能选择一条路线，而不能像旅行家那样在同一个景区反复体验不同的路线。我们很多家长都重视教育目标，也就是要把孩子培养成什么样的人，但在实际的教育中往往忽视路线的选择和设计，结果是什么呢？通常是达不到目标，甚至偏离目标很远。

本书的作者杨馥，并不是可圈可点的教育专家，他只是千千万万普通家长中的一员，从他的书中，我们似乎看不出他作为一个父亲的教育目标和理想，但是我们能看出一条清晰的路线。把杨馥教育孩子的教育路线概括为"两个性"——德性和性格。他对自己孩子的培养并不能说是完美无瑕的，但是，他在孩子的德性和性格的塑造方面是从小做起，他的理念可以总结为一条，就是和孩子心对心，所以，把本书的名字定位为《孩子的未来取决于爸爸》。

通过反复阅读杨馥的书稿，在我的眼里，杨馥属于比较偏执的父亲，但因为偏执，他在教育孩子的历程中，几乎每个问题都要经过深思熟虑，因此对孩子的教育是深入而细致的。他可以为一个问题和孩子谈半天，而且反复谈；他可以为矫正孩子一个行为或一种看法而长时间地酝酿。我觉得，这正是作为一个父亲的宝贵之处。当今时代，越来越多的父母在孩子的教育上缺乏耐心，更多地把孩子的教育交给了别人。

杨馥对孩子的教育可以说是达到了预期的目标。孩子考上省重点高中尖子班之后，他就基本上没怎么操心，直到孩子考上名牌大学的国防生。这也表明他的教育是成功的。

我诚恳向读者推荐本书还有一个重要原因，杨馥在书中披露的有很多是一个普通家长的平常心，甚至有一些不良的、错误的念头，但他有一个很重要的"家长品质"，敢于在孩子面前认错并自我矫正。这是值得我们很多家长学习的。

本书附篇《我的家教经》，是我建议从原稿中抽出来单列的内容，希望这些"经"对更多的读者有所启发和帮助。

杨馥的教育孩子路线，并不是唯一可行的路线，但他的家教实践告诉我们，家庭教育需要一条精心组织的路线。

金光印

（华东交通大学母亲教育研究所出版总监，资深出版人、媒体人）

爸爸一定是孩子最好的老师

　　我的经验告诉我，在学校，孩子最听老师的话，老师的人格魅力影响着孩子的成长。但是，老师只能在学校里教孩子，孩子一旦离开了学校，走出校门，家长就是孩子最好的老师。这也是每位家长要负的最大的责任。

　　我常常对孩子们讲：你们离开了学校，一定要听家长的话，因为我相信，家长的人格魅力更能影响到你们的成长……

　　我读了《孩子的未来取决于爸爸》一书，为之一振，如果每一位家长都能把关注自己孩子的成长放在第一要位，都能把对孩子的成长负责放在第一要位，都愿意在孩子点点滴滴的生活中倾注无限的热心和耐心，全心全意地去塑造孩子的品质和性格，引导孩子去做最正确的事情，那么，这就是对孩子心灵最好的雨露滋润。不论孩子过去多么的不如意，也必然会达到"浪子回头金不换"的预期。

　　孩子的成长不如意有很多原因，有环境的原因，有社会的原因，有教育的原因，有自身的原因……其中一个最最重要的原因，就是要问一问我们的家长，你对孩子尽到了全心全意的责任了吗？

　　我经常对孩子的家长说：老师教育孩子固然重要，但是，家长重视对孩子的教育更重要。有的家长一提到自己对孩子的教育，就呈现出一脸无可奈何的神态，好像自己管好孩子的衣食住行，让孩子在家里、家外不受委屈，这就是尽到了家长的全部责任……

请这样的家长读一读《孩子的未来取决于爸爸》，你就会明白，孩子每天眼睛看到的、耳朵听到的、脑子想出来的、心灵感悟出来的，很大一部分是从家长那里学到的。作为家长，你要望子成龙，就一定要学会用自己的臂膀托起孩子，千万别因为孩子"差"而放弃孩子，只要肯付出，就一定会有收获。

每一位家长认真地读一读《孩子的未来取决于爸爸》，一定能感悟出家长与孩子的互动价值，尽到对孩子培养的责任。

张慧楠

（享受国务院津贴的特级教师，辽宁省五一劳动奖章获得者，朝阳市十佳教师，朝阳市劳动模范）

每个孩子都有锦绣前程

谁都知道，在孩子的成长过程中，父母对孩子施以不同的呵护方式和影响，会产生不同的效果。有的孩子长大后成为国家的有用人才，让父母为之骄傲；有的孩子却让父母一辈子有操不完的心，甚至成为父母难以释怀的负担。

如果一个孩子在成长过程中，父母对孩子的培养和教育一切都依赖于学校，依赖于老师，那么，这个孩子在成长的过程中遇到问题，就会不知所措。孩子未来的道路将是坎坷的，孩子是难以取得成功的。

一个孩子淘气也好，不爱学习也好，考试成绩不如意也好，父母唯一不能放弃的就是对孩子的责任。父母有义务，也必须帮助孩子树立起学习的信念，在孩子成长的过程中，引领孩子的点点滴滴。做父母不能省略的是时刻对孩子的关注，用耐心呵护孩子，用手臂托起孩子，让孩子踏着自己的肩膀攀登。

我自己的孩子曾经就是一所普通小学"后进班"里的淘气生，他在学习上处境之艰难，我心理上的煎熬，也许让很多人难以想象。同样令人费解的是，孩子坎坎坷坷一路走过，最终考上了名牌大学的国防生。这让邻居、亲戚、朋友都感到十分惊讶，都说没想到他这么有出息。

说实在的，我当初也不敢过多期望他能进名牌大学。现在回过头来想，做父母的，唯一正确的就是，即使在孩子最艰难、最黑暗、最困顿的时候，在他的学习最不让老师和父母满意的时候，都坚持用自己的肩膀托起孩子，鼓励孩子攀登，始终坚持与孩子进行心灵上的沟通、交流。

如果要说体会，那肯定有很多很多，但我最深的体会是，在孩子成长过程中的不同阶段、智力发育的不同阶段，应该有针对性地对孩子的成长进行引导、教诲，千万不能以工作忙为借口，推卸对孩子教育的责任。只有这样做，即使是"后进班"的孩子，也有可能变成优等生，最终成为人才。

可怜天下父母心，每个父母在自己孩子很糟糕的时候，都难免有各种各样的情绪。就拿我自己的孩子来说，他小时候是班级的淘气生，我的面子和心里也都过不去，但我做到了和孩子"共患难"，现在想来，这是孩子成功的根本原因之一，如果孩子一有挫折就放弃，再好的孩子也会在你手上成为"破铜烂铁"。

我不是教育专家，未必能讲出很多深刻、精彩的教育理论，我的孩子曲折成长的经历是由许许多多的小故事组成的。没有这些正面、反面的小故事，我的孩子的经历也就平淡无奇了，所以这些小故事本身，其实也包含了很多的道理。我在本书中通过这些小故事来和大家交流，希望大家从这些小故事中悟出比我的认识深刻得多、精彩得多的道理来。

杨 馥

CONTENTS 目 录

第2篇

孩子上小学的故事

第3篇

我与孩子之间的故事

第 4 篇

孩子在家学习的故事

附 篇

我的家教经

附 录

第 1 篇

学龄前的故事

都说父母是孩子最好的老师，孩子在上学之前1，父母对孩子的影响更加重大。从某种意义上说，这一阶段，父母承担了老师的角色。在孩子 6 岁以前，很多父母只是觉得孩子好玩、可爱，而忽视了对孩子的教育，许多成功的家庭教育的经验却表明，这一阶段恰恰是教育孩子的一个黄金期。

一、我的孩子叫石头

　　孩子的诞生是家庭的快乐，更是一份不能回避的责任。父母都会觉得自己的宝宝聪明，但作为家长，仅仅以为自己的孩子聪明是不够的，更重要的是怎么培养一个聪明的孩子。

　　我和我太太是经人介绍后结婚的。她在农村，我在城市，"一无所有＋两地生活"就是我们两个人的全部。婚后，我们一直过着牛郎织女的生活。

　　一年后，我们的孩子在农村的岳父岳母家诞生了，我们给他取了小名叫石头，希望他能够长得壮实。

　　石头的出生，一下子成了整个家庭的关注核心，也成了整个家庭忙碌的中心。石头有妈妈、姥爷和姥姥等人的精心呵护，长得很结实，生活也很快乐。

　　石头长着一个圆圆的大胖脸，两只眼睛像两颗乌黑、明亮的大珍珠镶嵌在眼窝里，短短的头发犹如油黑油黑的小针刺，盖着他的小脑袋瓜。他伸出胖乎乎的小手，不断地东抓西挠，没有一刻消停的时候，可爱的神态让大家都想逗一逗他。

那时候，报纸杂志陆续刊登了一些家庭教育方面的文章，我便摘录或者剪切下来带回家去，石头的妈妈也慢慢受到了影响。为了让石头早一点感知到更多的东西，她特意跑了几公里路，到镇上买了许多识字辨物的彩图贴在墙上，不厌其烦地给石头念，甚至在挂毛巾的铁丝上都挂上了类似风铃一样，可以旋转，装上电池可以响起优美音乐的玩具。

不知道是石头的妈妈启蒙教育的结果，还是石头本性所致，石头闪亮的大眼睛总爱追逐着动态的色彩看。他不甘寂寞，特别倾心于热闹。别人一逗就笑，一个话语，一个表情，一个动作，都能引来他的大笑。

石头一笑，眉毛一弯，张开的小嘴两侧露出一对小酒窝，摇头晃脑，毫无顾忌地放纵着他那逗人的眼神，他的肢体配合着他的神态表情摆来动去，一举一动都透露出他那可爱的样子。他的笑声清脆，宛如银铃，给人一种清新的享受。也正是因为石头爱笑，家人及串门的四邻经常逗他，和他说话。可能是这个原因，他比一般的孩子早了两三个月时间学会说话，这让我们全家当时非常兴奋。

有时家人给他一个大苹果，他也学着大人的样子啃上一口，随后就拿着苹果玩个没完，渐渐地就忘记了吃，苹果也就成了他的一个得心应手的玩具。苹果滚来滚去，他随着苹果爬来爬去，玩得不亦乐乎。

爬——让他的身体协调意识有了很好的发展。

我在享受这开心一刻的时候，从石头对大人的模仿中，很快意识到了对石头进行启蒙教育是一种重如泰山的责任。

石头的妈妈非常认同我的观点，她也坚信，家长仅仅给予孩子温馨的关爱是不够的，更重要的是引导、教育孩子。随着石头从牙牙学语到学着大人的行为举止说话，全家一起承担起了塑造一个聪明孩子的责任。

我们利用一切可以利用的机会，借用一切可以借用的条件，通过教说话、识图片、读儿歌、讲故事、领孩子玩"过家家"等诸多的方式，千方百计地激发石头的智力。诸多的成功交流，非常有效地促进了石头的大脑开发。

二、爸爸、妈妈、孩子，我们三人是一家

孩子都是"人小鬼大"，再小的孩子都会有出乎父母意料的言行，但这些惊人的言行不会是偶然的，家长一定要找到根子，因势利导。

一晃，两年的时间过去了。两岁的石头已经是一个小精灵，他经常讲出一些让大人惊诧的话来。

有一天我回到岳父岳母家，正在给石头讲故事。快要吃晚饭的时候，石头的妈妈回来了。石头听见他妈妈进屋的声音，"哧溜"地跑下了床。他一边向外跑，一边喊："妈妈！妈妈！我爸爸回来啦！"

石头的妈妈换上石头送上的拖鞋，石头就牵着他妈妈的手来到了里屋。

石头依着他妈妈的身体，对前来招呼大家准备吃饭的姥姥突然冒出一句话："我爸爸、我妈妈、我，我们三人是一家。"

石头的这句话犹如在浓浓温馨的亲情中投下了让人心寒透彻的冰，让整个家的气氛都冰冻了。

我听了石头的话，瞬间脑子一片空白，脸一下子红到了脖子根。我不知所措，不知道石头为什么会说出这样的话来，更不知道这是谁告诉他的。

我马上察觉到，岳父岳母的脸都拉了下来，所有的微笑一扫而光，整个家中弥漫着极大的不愉快。

石头的妈妈马上意识到，石头的话搅乱了这个家和睦、温馨的气氛。她极不满地瞪了我一眼，然后，坐在沙发上，把石头搂在怀里说："石头，你怎能这样说呢，你从小到大不都是跟姥爷姥姥生活吗？姥爷、姥姥、小舅还有二姨，我们不都是一家人吗？"

石头歪着他的小脑袋看着他妈妈，很天真地纠正说："妈妈，你错了！姥爷、姥姥是一家，小舅、二姨是一家，我和爸爸、你是一家。"

石头转头来，面对我的岳父岳母，真诚地问："是吧？姥爷姥姥。"

谁也没接这个话茬，整个房间的空气就像凝固了一样。别人都像在想自己的心事，只有石头像没事的人一样，说完也就完了。

最后，还是石头的妈妈打破了这个家的沉静。"石头，告诉妈妈，是谁跟你说的，姥爷、姥姥是一家，小舅、二姨是一家？"

大家"刷"的一下，都把目光投向石头，等着听他到底怎么说。

"是我自己想出来的。姥姥，我要喝水。"石头一边回答，一边提出自己的要求。

姥姥赶紧给石头倒水，石头的话也让家里尴尬的气氛有了明显的改善。

石头跑过去，亲昵地依在姥姥的怀里喝水。他喝完水，顺势坐到了姥姥的大腿上，侧着头，捧着姥姥的脸亲了一下，讨好地说："姥姥，该看电视了吧？我想看。"

石头的妈妈乘势接过话茬说："你告诉妈妈，你是怎么想出来的，姥爷、姥姥是一家，小舅、二姨是一家？说了，妈妈就给你打开电视。"

看来石头是等不及了。他一下子从姥姥的大腿上蹦了下来，直奔电视机。他一边扯下电视机的盖布，一边说："每次吃完晚饭，姥姥就对小舅、二姨说，你们早点回自己家吧，不用你们收拾了。然后，小舅、二姨就走了。小舅、二姨不就是一家人吗？姥姥有好几回对我妈妈说，石头一天天的大了，再难，你也应该和杨馥调到一起了，你们三人应该有个自己的家啦。我调皮的时候，姥姥一生气就说'你再不听话，回自己的家去，让你爸你妈管你吧，姥爷姥姥不要你了'。妈妈，你快点打开电视！"

随着石头的话音落地，压在大家心头上的石头也随之落了地。

听了石头的话，我也感到十分吃惊。没想到，一个两岁的孩子已经初步形成了自己的判断力，竟能从大人的只言片语中形成自己独立的判断，大人的行为举止已经潜移默化地影响到了石头的思维意识。

面对石头的变化，我敏感地意识到，当着他的面，再也不可以口无遮掩地随便乱说了，说不适合他听的话，必须顾忌到他的存在。

我把我的想法跟家里人进行了一番认真的探讨，他们都非常赞同我的观点。全家约定，不适合石头听的话，说的时候一定要避开石头，千万别当着石头的面说。

我的理解是，不宜孩子听的一些话如果让孩子听到了，所形成的负面影响就可能会在孩子的身上体现出负面效应。

家长要想培养出一个好孩子，就要为孩子创造出一个和谐的"视听环境"。

另外，石头敏锐的感知力也让我迫切意识到，家长用自身表现出来的好品质对孩子进行身教言传，已经是刻不容缓的责任。对孩子多一分正面的影响，孩子的健康成长就会多一分顺利……

三、我要建我的城堡

> 许多家长有一个很严重的错误——怕孩子玩弄脏了衣服。这会扼杀多少孩子的天性和创造力啊!

一转眼石头3岁了。一个星期天的上午,我与石头回家,他忽然看见路边堆有一堆新卸的沙子,十分兴奋地对我说:"爸爸,我想在那里建我的城堡。"

这一堆沙子估计是旁边小商店用来修房子用的。沙子就堆在路边排水沟的一侧,整个地方显得十分脏乱。路上,汽车经常经过,掀起一片尘土。如果石头在这样的环境玩沙子,很快会让他变成一个小脏人。我从心里就不舒服,不想让他在这里玩。

我拉着石头的手对他说:"这里太脏了,不在这里建你的城堡,我们回家去,爸爸给你讲故事。"

"别的小朋友玩沙子的时候,姥爷姥姥就说脏,从来不让我跟小朋友们玩沙子。现在,你怎么也说脏了呢,我现在就想玩一会儿沙子。"

"姥爷姥姥说得对,沙子脏,沙子里有许多细菌。"我几乎是脱口而出。的确,我们家长总是怕孩子弄脏了衣服。

"爸爸,我回家吃饭的时候,用香皂洗一洗手不就行了吗?细菌不就从手上跑掉了吗?"

石头让我一时语塞。且不论他说的对与错，话语中近乎恳求的语气让我心软，而且他用一种渴望的眼神看着我。我犹豫了，问他："你一定要在这堆沙子上建你的城堡吗？"

"嗯！"他十分坚定地点了点头。

在这一瞬间，我觉得不应该拒绝他，对他说："你到商店里去问一问阿姨，你玩一会儿沙子行吗？如果阿姨同意，你就在这个沙堆上建你的城堡。"

石头听我这么一说，高兴地跑进商店里。他问商店的女主人："张阿姨，我想在沙堆上玩一会儿，我爸爸让我问一问可以吗？"

"啊。是石头呀，你爸爸回来了？"

"我爸爸昨天回来的，张阿姨，我可以在沙堆上玩一会儿吗？"

"你玩吧，随便玩，但要注意安全哟！"

我没想到商店的女主人十分熟悉石头，这么爽快就答应了。我只好留下来看护着石头在沙堆上玩沙子。

石头一个人堆了一会儿城堡，好像还不能尽兴，就邀请我跟他一起玩沙子："爸爸，你也陪我玩一会儿吧。"

"爸爸这么大个人，在路边上陪你玩沙子，让别人看见多不好啊。"

"爸爸，好爸爸，我求求你啦，你就陪我玩一会儿吧，就一会儿。"

面对石头的热情，我想到自己儿时玩沙子时的情景，童心又回到了我身上："那好吧，就玩一小会儿，玩完就回家。"

石头看到我也参加了玩沙子的行列，兴奋极了，俨然一个小老师，指导我怎样用还有点潮湿的沙子建城堡。

"爸爸，你先像我这样，修一道城墙……"

"爸爸，你把洞挖得再深一点儿，这是你的隐身王宫……"

"爸爸，你这个沙堆离我再远一点儿，别离我的城堡太近了，要不然，我的军队就会跟你打仗了……"

石头竟然要用虚无的军队跟我打仗，这引起了我极大的兴致，于是，我也在沙堆上建造了自己的军队，确定了自己入侵石头的城堡的进军路线……

我的童心追着石头的思绪走，这让我与石头玩得不亦乐乎。时而他的想象带动着我的思路；时而我的想象诱惑着他的思路，我们在沙堆上演绎着石头憧憬中的帝王故事……

我在陪石头玩沙子的过程中，完全明白了，他挖的每一个沙坑，堆的每一个沙包，在沙堆上划的每一道深沟，攘出的每一把沙子，都是十分鲜活的情节，都是他心中鲜明的故事内容。

石头心中想象的故事，流淌出来的内容，有古代的，有现代的，有杜撰的，有幻想的，千变万化，上下跌宕，汇集在一起，尽情地在沙堆这块版图上演绎着……

当我们离开沙堆的时候，石头建立的城堡彻底地毁灭了，我的城堡也在石头最后的践踏下彻底地毁灭了，只剩下凹凸不平的沙堆及一些破碎的树枝条。

石头在回家的路上，高兴的心绪还沉浸在城堡里，似乎一下子长大了不少。这让我猛然意识到，如果让孩子玩沙子是一种利弊得失的博弈，那么利将永远大于弊。

我怎么才能让石头的姥爷姥姥接受我的观点呢？这成了我在回家的路上考虑的问题。

有证据表明，虽然沙子里有600多种细菌，但让孩子适当接触沙子，可以提高孩子的想象力和创造力以及对细菌的免疫力，有利于孩子健康成长。

我颇费了一番周折，最终，才说服了石头的姥爷姥姥接受我的观点：让孩子玩一玩沙子，有利于孩子的身心健康。

石头有了更多的机会同别的小朋友们一起玩沙子啦。

每当我听到别的父母对孩子说这也不许，那也不许的时候，我就想把这个故事讲给他们听。

四、我们把小麻雀带回家吧

培养孩子的爱心，最重要的是让孩子参与到爱的行动中来，这是对孩子最好的教育和培养。

五月正是雏麻雀纷纷出窝练习飞翔的时节。一天，我领着石头沿着火车道下的路基到小河边的杨树林里去玩。石头顽皮地沿着路基向前走。

突然，一只小麻雀从石头前边的草丛里窜了出来，它惊恐地啼叫着，展开翅膀拼命地向前飞。这只小麻雀只能勉强飞起半人高，只飞翔了2米多远，就跌落下来了。显然，这是一只刚出窝的小麻雀。

石头兴奋地追赶着小麻雀，孩子的情绪也感染了我。我也三步并做两步地奔了过去，很快就发现了钻在草窠底下的小麻雀，轻松地把它逮住了。

我的手攥成一个空心的窝，轻轻囚禁着小麻雀。小麻雀从惊悚中安静下来，在我手里一声声地啼叫着。它仿佛已经忘却了危险，当石头的小手指头碰到小麻雀的小嘴时，小麻雀就张大嘴，想要吃的。

"石头，快快抓一只蚂蚱来喂喂小麻雀。"

石头听了我的话，忙跑到铁道边一片草丛里，十分认真地趟着青草搜寻着蚂蚱。很快，他就捉到一只嫩绿色的小蚂蚱。

"爸爸！蚂蚱来了。"石头兴奋地捉着小蚂蚱跑回到我的身边，他要把整个小蚂蚱塞到小麻雀的嘴里。

"不行，不行，这可不行……"我阻止住了石头这种热情的鲁莽行为。我指导着石头把这只小蚂蚱去掉坚硬的大腿，截分成四块（呃……有点残忍），每一段只有小麻雀嘴那么长。然后，由我示范怎么喂小麻雀。当我为小麻雀喂下第一块蚂蚱肉后，剩余的三块蚂蚱肉由石头负责来喂小麻雀。

石头十分认真地学着我的样子喂小麻雀。他生怕做错了，一边轻轻地用蚂蚱肉撩拨小麻雀的小嘴，一边向我虔诚地请教："爸爸，我这么喂小麻雀，对吧？"当成功地给小麻雀喂下一块蚂蚱肉后，他高兴得手舞足蹈，仿佛这一刻，他是世界上最幸福的人了。

小麻雀吃完三块小蚂蚱肉后，石头再喂时，小麻雀无论如何也不张嘴吞吃了。石头十分不解地望着我问："爸爸，它不张嘴吃，我该怎么办呀？"

我告诉石头："小麻雀吃饱了，当然就不能再吃了，如果它再贪吃的话，会撑坏的。"

石头听了我的话后，这才肯罢手。

回家的时候，我对石头说："我们把小麻雀放了吧，它妈妈会想它的。"

石头央求我说："爸爸，让我把小麻雀带回家吧！我喜欢它。它妈妈想它的时候，让它妈妈到我们家来看它不就行了吗？"

我想了想，觉得也可以通过让石头喂养小麻雀的方式来培养他的爱心。于是，我问石头："我们把小麻雀带回家，你能照顾好它吗？"

"能！我一定能照顾好小麻雀的。"

我们把小麻雀带回家，我找了一个小纸箱，为小麻雀建家。

还是由我先做示范，用锥子在纸箱上扎了几个小孔，然后由石头学着我的样子，在纸箱上扎了无数的小孔，又在纸箱上剪出一个天窗，天窗用透明的塑料贴好，然后把小麻雀放到纸箱里，这就算为小麻雀安了一个家。

我又找来了两个酒盅，一个酒盅我让石头接满了水，放到纸箱里。我告诉石头，这是小麻雀渴了要喝的水。

然后，我带着石头在另一个酒盅里放了半盅小米。我让石头取来一个小匙，让他看我是怎么用小匙舀水浇到小米里把小米拌湿的。我告诉石头：在小麻雀饿得直叫时，怎么用一个比针粗一点的小棍子挑着湿米粒喂小麻雀，又怎么用小匙给小麻雀喂水……

石头十分用心地学着，学得十分专注，一丝不苟。

我带着石头操作几次后，他就独立地给小麻雀喂食了。他对小麻雀无微不至的照顾，完全超出我的想象，简直就是一个小大人……

后来，石头将纸箱开了一个小门洞，小麻雀就由这个小门洞自由地出出进进了。渐渐地，小麻雀成了他的小伙伴。小麻雀在房间里飞来飞去，不时地落在他的身上。

当小麻雀想要吃的时候，就会飞落到石头的手上，张着小嘴，扑棱着翅膀，叫个不停。只要他用小棍子挑着湿米粒往前一伸，小麻雀就会立即用嘴啄着吃。石头为小麻雀喂食、喂水，就像一个母亲在细心照顾一个婴儿……

有一天，小麻雀在一群麻雀叫声的诱惑下，从东屋窗台飞到楼下的玉米地里，去找那一群麻雀。石头跑到楼下去，但再也没把这只小麻雀找回来。

我安慰石头说："小麻雀回家了，我们应该替小麻雀高兴才对。"

石头很天真地说："爸爸，等你有时间的时候，你还领着我去那，我们再养一只小麻雀。"

我答应了石头。虽然石头再也没有养过小麻雀，但他的爱心却表现得越来越明显了……

培养孩子的爱心，最重要的是让孩子参与到爱的行动中来，这是对孩子最好的教育和培养。

五、我不让你动我的"大将军"

孩子和父母是在"一个屋檐下的两个世界"，
孩子的思维经常让父母跟不上。如果以家长的思维
去理解孩子，那就会矛盾重重，只有走进孩子的童
心，才会欣赏到美丽的风景。

一天，我休假回来，开门进家时，看见石头的姥姥正在厨房做午饭，家里静静的。我问："妈妈，石头呢？"

石头的姥姥一边忙乎，一边回答我："石头在东屋睡觉呢。"

我放下东西，走进东屋一看，东屋的床上只有一个枕头和散开的毛巾被，石头不在。我转身来到西屋，隔着门玻璃向里一看：满屋乱七八糟的，散乱的画册，各种玩具，横七竖八的筷子，弄得到处都是……

我推开门进到屋里，地上一片狼藉，到处是东西，几乎插不下脚了。装玩具的两个大纸箱就倒在地中央，已经掏得一空；地面上，三个小板凳横倒竖卧和散乱的玩具掺杂在一起……我还是没见到石头。

我下意识地喊了一声："石头。"

"我在这里呢。"石头从床底下爬了出来，手里还攥着一段小木棍，颇像一个小脏人似的。他匆匆从床底下爬了出来，他的头上、背上还顶着灰尘，完全是在用自己的身体擦床底板、擦地呢。

"你在干什么呢？"

"我在找我的'大将军'呢！"他兴奋地举着自己手里的那一段光滑的小木棍说。

一段小木棍竟然把石头折腾成这个样子，这让我很不理解。

我下意识地拍打着石头身上的灰尘，掸去他头上的脏东西："把你手里的小木棍给爸爸，你快去厨房洗一洗你的小脏手。"

石头并没有把小木棍交给我，而是十分不情愿地拿着小木棍跑出去洗手了。一会儿，他就跑回来了。他看见我正收拾地上的东西，把一些散乱的玩具往纸箱里装。

石头站在我的旁边说："爸爸，你到东屋歇着吧，你别把我玩的东西装进纸箱里。"

"你把你玩的玩具挑出来，剩下不玩的东西，我给你装在纸箱里，别让屋子这么乱着。"

我侧过头一看，石头的双手湿湿的，显然，他只是囫囵地洗了一下手，顺便也用水冲了一下小木棍，手也没擦就回来了。

这情景让我挺生气地说："把你的小木棍给我扔到窗外去。"我一边说着，一边伸出手去，要拿他手里的小木棍。

"我不让你动我的'大将军'。"

石头说完话，转身拿着小木棍又跑出去了。

一会儿，石头牵着姥姥的手进来了，他一脸委屈的样子。姥姥看了看，让石头出去擦一下小木棍，乘机对我说："你也是，石头爱怎么摆布就怎么摆布嘛，你惹他干什么……"

我也不好反驳，只好硬着头皮听他姥姥给我上课。石头回来了，姥姥就不说了，她转过头来对石头说："你好好跟爸爸玩，姥姥还得做饭去，一会儿你姥爷跟你妈妈该回来吃饭了。"

石头点点头，姥姥走了。屋子里太乱了，石头玩的东西和不玩的东西摆得满屋都是，还是应该收拾一下为好。于是，我微笑着跟石头商量："石头，你把你要玩的东西拿出来放到一边，你暂时不需要玩的东西，爸爸给你装进纸箱里。这样，你玩着也方便，你不玩的东西也省得碍事了。你看好吗？"

石头望着我迟疑了一会儿说："那好吧。"

他开始选择要玩的东西，挑来拣去的，留下的东西不足他原来摆的十分之一。我把他不玩的东西收拾好，整个屋子就整洁多了。

石头留下的东西，是一些各种造型的小塑胶人，有各种军姿的士兵，携带各种刀剑的骑士，还有各种车辆、坦克和小型飞机，各种色彩的积木块，以及一些画册。

我坐在床上从旁观者的角度看着石头玩。我琢磨了好半天才弄明白：原来，石头在指挥一场心中的战争，积木块和画册勾勒出了这场战争中复杂的场面，各种造型的小塑胶人、车辆、坦克和小型飞机看似杂乱交错地成了相互对阵的敌对两军。石头正是指挥这场战争的敌对两军的最高统帅，也是胜负的最终决定者。

石头玩得津津有味，乐此不疲。让我弄不明白的是，石头在玩的过程中，他的手里始终拿着小木棍，小木棍怎么成了他心目中的"大将军"呢？

后来，我终于明白了，小木棍是他最便于拿在手里的东西，当他要结束心中的这场战争，屠杀这些小塑胶人时，才力显小木棍的威力。他用小木棍一碰，各种军姿的士兵就倒了；一挑，携带各种刀剑的骑士就连人带马飞上了天；一撞，强大的坦克便翻了；一扫，整个复杂的地形地貌就稀里哗啦了……

我理解到，孩子心想的许多东西，家长要想弄明白，就要保持极大的耐心，站在孩子的角度去读懂孩子的需求，才能更好地引导孩子，为孩子提供最好的帮助。

六、爸爸，我领你去买

在孩子幼小的心灵早早地播下感恩的种子，经过耐心地培育，孩子的感恩之心才会生根、发芽、开花、结果。

一天，我们吃完早饭后，石头的妈妈对我说："今天是桃花吐（现位于辽宁省朝阳市双塔区的一个镇）的集市，我们骑自行车到集市上买点肉，回来包饺子。"

石头听说我们要去赶集，也吵嚷着要跟去。于是，石头就坐在我的自行车横梁上，我们一家三人到桃花吐去赶集，石头的姥姥在家里做准备。

我们到集市上就直奔买肉的地方，买好肉就要往回返。这时，石头不想马上回家，想在集市上再玩一会儿。我们都明白石头在集市上玩的含义。于是，石头的妈妈对我说："你就带石头在集市上玩一会儿吧，他回家也是玩，也让咱爸爸妈妈清静清静。"她把石头留给我，自己先回家了。

我把自行车停到一个不碍事的地方后，领着石头赶集。石头最爱吃的是小食品。在一大片卖小食品的地摊上，石头自己来挑选他爱吃的小食品。我主要看他选的小食品是不是在保质期内，再决定买不买。

当石头买好一兜小食品后，我对石头说："我们该回家了吧，中午吃饺子，别让姥爷姥姥和妈妈等着我们呀。"

"爸爸，我们不给姥爷姥姥买点好吃的吗？"

石头的话如一股暖流流进了我的心里："对，应该给姥爷姥姥买点好吃的。"

我有点为难了，大热天的，我给岳父岳母买什么呀？

"你知道姥爷姥姥爱吃什么？"

"我知道，爸爸，我领你去买。"

石头牵着我的手，我跟在石头的后边，在人群里转来转去。

在卖糕点的小摊上，他指着"炉果"（一种点心，不加任何添加剂。用油糖面混合制作，外沾一层去皮芝麻。外观金黄色，个头小而均匀。入口香、酥、脆、甜、爽口，因在炉中烤成，故名炉果）说："爸爸，姥姥爱吃这个东西。"因这个小摊上的"炉果"存放时间太长了，我便又转了几个小摊，终于买到1公斤新出炉不久的"炉果"。

在路过卖杏的地方，石头又告诉我："爸爸，姥姥最爱吃银白杏。"于是，我又四处找银白杏。功夫不负有心人，终于在集市的一个旮旯里，我们们找到了一个卖大银白杏的。银白杏好，价格还不贵，我买了2公斤。

石头说："爸爸，我们回家吧，我累了。"

我对石头说："姥爷爱吃的东西，你还没领着爸爸买呢。"

石头听我这么一说，立即来精神了："爸爸，我再领你去找。"

在卖旱烟的地方，他用手一指："姥爷就爱吃这些东西，你给姥爷挑吧。"在一个老烟民的帮助下，我给岳父买了1公斤好"旱烟"。

"姥爷还爱吃什么？"

石头想了想了说："姥爷爱喝当地的小烧。"

那时，我也不知道当地的小烧是什么，石头也没解释明白。我问路过的人，才知道，当地的小烧就是烧锅酒。于是，我买了一个小塑料壶，到卖小烧的地方打满了一壶烧锅酒。这才满载而归。

在回家的路上，我问石头："你怎么想起给姥爷姥姥买点好吃的呢？"

石头说："感恩呀。"

"什么是感恩啊，你能告诉爸爸吗？"

"感恩，就是有啥好吃的，都想到姥爷姥姥点儿，都给姥爷姥姥留点儿，别啥都自己吃了。"

"谁说的？"

"妈妈告诉我的，妈妈要我学会感恩。"

我对石头的行为大大表扬了一番。石头也显得十分兴奋，好像自己完成了一件非常荣耀的事……

回到家，我买回来的东西果真是石头的姥爷姥姥最喜欢的东西。

他们高兴，没想到我买东西这么合适。

我告诉岳父岳母，这是石头领着我给他们买的，也是按着石头说的买的。两位老人听了，抑制不住的喜悦从心里涌出来，就像得了一百万元大奖那样高兴……

这让我忽然想到，培养孩子有一颗感恩的心是多么的重要啊！

七、爸爸，我要爬天梯

　　每个孩子都向往"高不可攀"的目标，家长要鼓励、引导孩子"攀高"，也就是跨越孩子常规的"极限"，孩子就会以超越家长想象的速度成长。

　　也许是责任感吧，我每一次回家，都会带着石头四处玩，遇到自然景物就给石头讲解。

　　石头到了上幼儿园的年龄，为了让他早一些熟悉幼儿园的环境，周末一大早我告诉石头，矿区的幼儿园里有滑梯。他听后很兴奋，问我滑梯是什么。我说带你去看看，到了你就知道了。我领着石头走老远的路来到矿区的幼儿园。

　　十分安静的幼儿园里不仅有滑梯，而且有孩子坐着转的转盘、来回荡的秋千，还有天梯、高低杠等。

　　这些东西石头过去从来没见过，也不知道怎么玩。他兴奋地跑来跑去，摸摸这，摸摸那。

　　"爸爸，这是什么？爸爸，那是什么？"石头问个不停。我耐心地给石头解释着，尽我最大的热情来满足石头的好奇心……

　　当石头安静下来后，我先把他领到滑梯处，让他顺着滑梯的梯子爬到滑梯的顶上，想让他沿着滑梯的滑道滑下来。

石头高兴地顺着滑梯梯子爬到滑梯的顶上。他上到上面，却茫然不知所措，根本不知道怎样从滑道上滑下来。

我告诉他，坐在滑道上，双手扶好滑道两边的扶手，沿着滑道滑下来就行了，我在下边接着他。

也许太高了，石头从高处往下一看，马上就有了恐惧感。我越督促他快点滑下来，他越感到害怕。他竟然要从上滑梯的梯子上退了下来。我看他胆子这么小，有些小生气的坚决不允许他从滑梯的梯子上退下来，他急得几乎要哭了，眼泪已经在眼睛里打转转了。

我知道，孩子在需要鼓励的时刻，必须及时给予鼓励，这才能激活孩子的勇气。如果任孩子退缩，孩子就会怯弱，孩子的胆识就会在成长中一点点地萎缩，这是非常可怕的事。孩子遇到困难时，一定要激励孩子知难而上，半点含糊不得。

在我的鼓励下，石头坐到了滑梯滑道的上端，可是他还是不知道怎么滑下来。

面对石头所处的窘状，我猛然意识到，自己犯了一个不大也不小的错误——我没有为石头示范怎么玩滑梯，我应该为石头做一次玩滑梯的示范，然后，再告诉他怎么做，这样做效果才是最好的。

于是，我也上到滑梯顶上，让石头坐在我的身上。我一边耐心给他讲解玩滑梯的动作要领，一边带着他缓慢地从滑梯上滑下来。

这引起了石头极浓的兴趣，他特别兴奋，请求我同他一起再滑滑梯。但是，我拒绝了石头的请求。我只是让他在滑梯旁看，我再次一边讲解，一边为他示范了一次滑滑梯。

第三次，我坚持让石头自己上到滑梯的顶上，然后，手扶着滑梯的边，试着从滑梯上滑下来。

石头犹犹豫豫，最后，在我的鼓励下，他还是勇敢地迈出了这一步，在诚惶诚恐中滑了下来。

石头获得了成功的快感，一扫害怕的恐惧心理。他兴奋地重复着滑滑梯的快乐。

"爸爸，你不要用手接着我，我自己滑。"石头玩得十分开心。

石头玩完滑梯玩转盘……玩得不亦乐乎。

最后，只剩下天梯没有爬了，石头竟然兴致勃勃地要爬上去玩一玩。近10米高的天梯就像一个宽大的铁梯子竖在那里，直插天空。石头要爬这玩意儿，这次轮到我担心了。别的不说，石头爬那么高，万一掉下来，可就惨了。

我在想，如果我对石头说，爬天梯太危险，你不能爬，万一掉下来怎么办？这会给他的心理造成什么样的影响呢？会不会无形中磨灭了他的勇气，削弱了他的胆量，助长了他的怯弱心理呢？……

"爸爸，我想爬天梯，你怎么不说话呀？"他迫使我必须快速做出决定。

"爬天梯很危险，需要有勇气，你不怕，是吗？"我特意把"你怕吗"说成了"你不怕，是吗"，目的是让石头既能认识到危险，又有勇气面对危险，做出自己的最终选择。

"是的，爸爸，我有勇气，我不怕，我一定要爬到顶上去。"石头显得非常的自信，已经一扫他第一次滑滑梯时不敢下来时的怯弱。

我对急于要爬天梯的石头说："爬天梯是有技巧的，只有掌握了爬天梯的要领，才能自如地爬天梯。否则，你爬上去，就爬不下来了，爸爸给你示范，怎么抓着栏杆向上爬，怎么下来。"

我耐心地教石头怎么抓牢天梯的栏杆，两只手怎么倒换，两只脚怎么交替上下。因为我知道，只有我的耐心付出，石头爬天梯的安全系数才最大。

在石头掌握了爬天梯的要领、领会了我的示范动作之后，在我伸出手臂可以控制的范围内，我让石头试着上下爬了两个来回。

石头的动作让我非常满意："现在你可以爬到天梯的上边去了。"

"爸爸，我现在就开始爬了？"

"你先别爬，我们一起爬，爸爸和你比赛，看谁先爬到天梯的顶上。"当石头真要爬高的时候，我为了不露痕迹地对石头实施最有效的保护，选择了以"比赛"的形式与石头一起爬天梯。

当石头爬到天梯的顶上向下看的时候，心里有点打怵了："爸爸，我往下看有点害怕。你帮帮我吧。"

"没事，谁第一次爬都这样，这就跟你滑滑梯一样，用不着我帮你。"我嘴上是这么说，实际上，我的一只手始终没有离开过石头的腰，暗暗地护着他。

我一提起滑滑梯的事，石头紧张的神情立即缓和下来，他不好意思地朝我笑了笑，随后就开始了居高临下的欣赏："爸爸，我看到墙外的汽车了，往下看真好，你看到了吗？"

"我也看到了。"我随声附和着石头，其实，我哪有时间看墙外有什么车呀，我的全部心思都倾注在石头的身上。

石头看了一会儿墙外边，然后一个蹬、一个蹬的安全地回到地面上。

从石头第一次滑滑梯的退缩，到石头毫不犹豫地爬到天梯的顶上，这让我意识到，家长对孩子的鼓励是多么重要啊。孩子的成长是需要鼓励的，家长必须学会鼓励孩子，才能逐步培养孩子知难而进的斗志。

八、大老牛被大老虎吃啦

　　孩子无拘无束的想象力可以海阔天空、贯通万物，虽然让家长不可思议，但却是孩子创造力的根。父母一定要"把根留住"，千万不能用理性抹杀了孩子丰富的想象力。

　　一天，我骑自行车去幼儿园接石头。

　　石头见我来接他，特别高兴，他坚持不坐自行车，要自己走。回家的路虽然远，但路还是挺好走的。于是，我同意了。

　　石头背着小书包一边走，一边给我讲幼儿园里发生的事……

　　他充满自豪地说，今天他又得了两朵小红花。

　　我问石头，老师为什么会奖励你两朵小红花啊？

　　石头说，因为他早晨主动帮助老师打水扫地了，另外，就他今天没有调皮，还给小朋友们讲了小黑牛的故事，老师表扬了他，说小朋友们应该向他学习。

　　我非常好奇地想知道，他是怎么讲小黑牛的故事的。

　　"给爸爸也讲讲小黑牛的故事。"

　　"行，爸爸，你也受受教育。"

　　石头讲："很久很久以前，我太姥姥家住的'边家沟'里住着三头老牛。身体黑的那头老牛叫小黑牛，身体黄的那头老牛叫小黄牛，身体花花的那头老牛叫小花牛。对面的大楼房里住着一只大老虎。大老虎馋了，也饿了，想要吃这三头老牛。"

我问："真的吗？"

"嗯，真的，大老虎跟别的动物聊天时说的，小黑牛在边上玩的时候听到了。小黑牛吓坏了，再也不敢玩了，赶紧跑回家告诉小黄牛和小花牛。

"爸爸，你都不知道呀，那个大老虎可大了，有我们家大楼房那么大，叫声跟火车似的，可吓人啦。"

"那三头老牛大吗？"

"大，比现在的大老牛大多了，一个个的都那么大。"他伸出两只小手臂一齐向外扩张，比划着。看他那一比划，好像老牛比天还大。

我笑了，不想打扰石头想象中的美妙思维，只想耐心听他继续讲故事。

石头很动情地说："小黄牛和小花牛听说了以后，就领着小黑牛赶紧吃饭，吃饱了就有力量啊。小黄牛说：'我们三个要团结起来，只要我们团结起来，就能打败大老虎。'小花牛听了说：'对，谁要是不团结，我们就不理它，不和它玩了。'小黑牛也不落后，说：'等大老虎来的时候，我们一起上。'

"等呀，等呀，天黑的时候，大老虎来了。大老虎说：'你们谁先让我吃呀，你们商量商量，要不，我可就不客气啦！'小黑牛说：'你吓唬谁呀，谁怕你呀，上！'小黄牛、小花牛一听，一起冲了上去。

"一会儿工夫，三头老牛就与大老虎打起来了，小黑牛在后面，小黄牛在前面，小花牛在边上，把大老虎围起来打，打来打去，大老虎就被打跑了。

"大老虎跑到狐狸家。狐狸给大老虎出主意，让它破坏三头老牛的团结，把三头老牛分开，然后，再把它们一个一个地吃掉。

"大老虎一听，真是好主意，它送给狐狸一袋小食品，让狐狸吃。

"大老虎从狐狸家里出来后，就跑到小黑牛家，对小黑牛说，'小黑牛，我不吃你了，我向你赔礼道歉，以后我就和你好，和你玩。今天晚上，你到我家来玩，我拿小食品给你吃。'

"小黑牛说：'我不信，你撒谎！'

"大老虎说：'不信，我俩拉钩。'大老虎伸出爪子来与小黑牛拉钩。

"小黑牛和大老虎拉完钩，小黑牛可高兴了，它想，大老虎现在是自己的朋友了，以后，看谁还敢欺负我。

"第二天，小黑牛就跑到大老虎家里来了。大老虎看见小黑牛来了，赶紧让小黑牛进屋。小黑牛一进来，大老虎锁上门就开始抓小黑牛。门锁着，钥匙在大老虎手里呢，小黑牛开不开门，想跑也跑不出去，自己又打不过大老虎。最后，小黑牛被大老虎抓住，大老虎大口大口地把小黑牛吃掉了。

"大老虎没吃饱，又去小花牛家骗小花牛，小花牛不信，将大老虎赶了出去。大老虎又去骗小黄牛，小黄牛上当了，大老虎像吃小黑牛一样又把小黄牛吃了。

"大老虎吃完小黑牛和小黄牛，力气更大了。它再一次去小花牛家吃小花牛。小花牛没跑过大老虎，也让大老虎抓住吃了。"

"讲完了？"我意犹未尽地问。

"讲完了。"他十分惬意地回答我。

石头走着走着，当他看到在路边上有一个卖糖葫芦的，就不走了，立即拉住我的手说："爸爸，你看，糖葫芦多红啊，上边还有那么多的糖呢，一定比上次姥姥买的糖葫芦好吃，买一个吧。我继续再给你讲大老虎的故事。"

"故事不是讲完了吗？"

"现在又没讲完了。"

我抱起石头，让他从架子上取了一串糖葫芦。

"爸爸，你先吃一口吧。"他双手握住糖葫芦就往我嘴里送。

我用手轻轻地推开："爸爸不吃，你吃吧。"

"那好吧，我一边吃，一边给爸爸继续讲故事。"

我把石头放到自行车的后架子上坐好，边走，边听他继续讲故事。

"警察叔叔听说，大老虎把小黑牛、小黄牛、小花牛都吃了。春天谁耕地呀，警察叔叔们很生气，决定把大老虎抓起来。大老虎知道警察叔叔来抓它，吓坏了，赶紧回家拿了一瓶可乐、两袋饼干和一个大苹果装到书包里，就往山上跑。大老虎想跑到大山里藏起来，可是啊，大老虎并不知道警察叔叔有飞机。警察叔叔坐飞机朝下一看，什么都看得清清楚楚的，大老虎躲到哪也藏不住。大老虎看见警察叔叔的飞机来了，就拼命地跑。大老虎跑得再快，也没有飞机快呀，大老虎又没有坐汽车，你说是不？爸爸。"

"对，我儿子说得对。"不知不觉地我们就进入了家属区。

"石头！"

"石头来呀。"

我一抬头，看见在楼角处仓房的边上有3个小朋友正朝我们这里看呢，其中，一个叫东洋的小朋友一边喊，一边挥动着手里的小汽车。那漂亮的小汽车无疑对石头有着巨大的诱惑力。

石头真的挡不住诱惑了："爸爸，我去跟东洋他们玩一会儿。"

"故事还没给爸爸讲完呢，你怎么能去玩呢，你怎么也得给爸爸讲完故事才能去玩呀，不然的话，我不是白给你买糖葫芦了吗？"

"大老虎让警察叔叔抓住了，关进了北京动物园里。讲完了。"

"真的吗？"

石头笑着对我狡黠地眨了眨眼睛："真的，要不信，爸爸，你到北京动物园里去看看，里边肯定有大老虎。"他说完就不管三七二十一了，跳下自行车，跑过去玩了。

我回味着石头讲的故事，想不到，石头的想象力是那样的丰富。我忽然意识到，孩子的想象力可以海阔天空，勾连万物。孩子现在童真的想象力，很可能就是未来的创造力和成功的力量。而孩子自由的想象力，正是孩子最宝贵的财富。

家长应该从孩子成长的角度，竭尽全力地为孩子留住这部分财富。

如果我们对孩子的想象力进行理性的抹杀，那么孩子成长中的思维就会失掉一部分的精华。

放纵孩子的想象力，善于激励孩子从生活中吸取营养。也许，这就是家长对孩子最有益、最有效的能力开发。

九、猴子喝水化成紫泥啦

家长要利用孩子的兴趣和好奇心，为孩子创造机会接触更多的东西，了解更多的东西，激励孩子去记一些东西，这对孩子的智力开发是非常有益的。

岳父过生日那天，我坐长途客车回到岳父家时，亲戚们都已经到了。我与亲戚们见面、相互问候之后，便到孩子们占据的北屋，主要是想看看石头在干什么。

呵，石头正在兴高采烈地为大家读儿童挂历上的故事。他的小表姐在一旁给他撑着挂历、翻着页。他大模大样地站在挂历前，右手拿着一个木棍指点着带拼音的字，大声地读着。

另一些孩子围站在他的身边，认真地听着。

石头有模有样地读完一页，再读下一页时，我定睛一看，这页挂历是《大木瓜的故事》。

"小猴子们在木瓜树下玩得正高兴，突然，'咚！'的一声，一只大木瓜从树上掉到水里。小猴子们吓得四散而逃。"

石头说到这里，停下来，问帮着他翻页的小表姐："姐姐，你知道什么是大木瓜吗？"

"不知道。"他的小表姐摇摇头。

石头好像自己很明白似地说："姐姐连大木瓜都不知道，大木瓜就是长在树上的大木瓜。"

他的小表姐赶紧说："那我知道了。"

石头继续用木棍指着挂历上的字朗读道："小猴子们东躲西藏地躲了一会儿，没有一点儿动静，小猴子们开始慢慢出来，刚刚聚到一块，'咚！'又是一声巨响，小猴子们吓得再次跑散，而且跑得更快。一只跑得慢的老猴子非常恐慌地回头一看，原来是另外一只大木瓜从树上掉到水里。老猴子马上停下来，坐在地上哈哈大笑！"

听到这里，孩子们都笑了。石头更是大笑不止，笑得手舞足蹈的。石头的情绪感染了我，我也跟着笑了。

石头回头一看是我："爸爸回来了，我在给哥哥、姐姐们读故事呢。"

我亲了他一下："你继续给哥哥、姐姐们读故事吧，爸爸去看看舅舅们。"

我离开时，十分感动。我没想到石头能识这么多字，他读《大木瓜的故事》时竟然没有读错一个字。事后，我与石头的妈妈说起这件事，这着实让她也十分激动。

为了验证石头是不是真的长能耐了，我们特意拿来石头的《小猫钓鱼》画册，让石头给我们念。

石头可高兴了，像小羊羔一样，挤拥在我们两人的中间说："妈妈翻页，我给爸爸念。"

石头的妈妈一页一页地翻着，石头一页一页地念着，整个画册念完了，竟然一个字都没有读错。

石头的妈妈激动地搂着石头，不停地亲他的脸："你真是妈妈的好儿子……"

后来，我写了在挂历中常出现的"我、树、房子"几个字让石头给我造一个句子。

石头很认真地看了半天也没弄明白："爸爸，你写的什么字呀？你给我念念。"

我说："爸爸写的不是'我、树、房子'这几个字吗，让你用这几个字给爸爸造一个句子。比如说，我家的房子前面有一颗枣树。"

看来，石头对什么是句子并不怎么明白，但是，石头照葫芦画瓢的能力还是很强的，他马上造了一个句子："我家的大树上结了一个大木房子，'咚'的一声掉到水里。"

我听了忍不住哈哈大笑，石头也跟着笑个不停，并重复了一句："我家的大树上结了一个大木房子，'咚'的一声掉到水里，真有意思。"

我又写了"水、猴子"几个字让他认，石头左看右看，一个字都不认识。

石头的妈妈提醒他："这不是'水、猴子'几个字吗，你爸爸让你用这些字造一个句子。"

石头马上明白了，开始一边想一边说："猴子……水，水，猴子……爸爸给我买的巧克力，猴子一喝水就变化成紫泥啦。"

……

我终于明白了，是石头多次听大人读相同的故事，使他把大人读的故事一字不差地背下来，再通过画面的一一对应，在需要的时候，就能完整地照葫芦画瓢地说出来。他这种照猫画虎的本领就给局外人造成一个他会认字的错觉。

怎样利用好孩子记忆能力最强的大好时光，让孩子掌握更多的知识，这对孩子的成长至关重要。

我觉得在孩子记忆能力最强的大好时光里，在不违背孩子天性的前提下，应该让孩子尽可能地记忆更多的东西，这对孩子的成长是非常有益的。尽管孩子记忆的东西还会有遗忘，但这对孩子的心智却是最好的磨炼。

要想让孩子能记忆更多的东西，就要为孩子创造机会接触更多的东西，了解更多的东西，这对孩子的智力开发是非常有益的。

十、我吃大梨，爸爸怎么生气呢

种类繁多、良莠不齐的儿童读物会吸引孩子去"汲取"，但是有很多"优秀读物"也会扭曲孩子的心灵，家长要谨慎对待孩子阅读的每一本书，给他

建起一道心灵防线。

··

　　我在休探亲假的日子里，把自己的全部精力都投在了石头的身上。我深切地感受到，石头在成长的过程中，书已经成了他的精神食粮。

　　我相信，石头接触到的每一本书，他看过了，就会在他的心灵上打下深深的烙印。每一本书都会潜移默化地影响到他的行为举止，影响到他的身心。这种影响既是日积月累的沉积，也是长远的作用。

　　我看到石头痴迷于看各种各样的故事画册，听大人读各种各样的故事，神话的、鬼怪的、科幻的……这让我越发感到，我有责任为他把好看书的关，要让他看好书，看有益的书，看心志高远的书……

　　在实际生活中，一个孩子往往拥有许多的书，也要看许多的书。这些书有些是属于孩子自己的，有些是交流来的。让孩子拒绝不良的书，为孩子选择好书，能真正做到这一点是很不容易的。

　　我如果没有仔细地通读石头留在家里的每一本故事书、每一本画册，我不会深层次探究，石头到底从这些包罗万象的书里收获到了什么。我也不会意识到，流行的书并非都是对孩子有益的。我更不会意识到，一本书的抉择对孩子的影响有多么的重要。

　　我看石头的一本《脑筋急转弯》的书，书上有这样一道题：一个司机开车过公路时，看见一个猴子蹲在电线杆上，司机马上刹车，为什么？

　　答案是，司机把猴屁股当成红灯了。

　　粗一看，这说了一件事，猴屁股是红的。细想想，这样的事太荒唐了，这样的《脑筋急转弯》对纯洁的孩子来说无疑是误导。

　　还有一道题说，一个人过一个独木桥，当他走在桥中间时，身后追来了一只大灰狼，挡住了他后退的路，前面扑来一只老虎，挡住了他前进的路。前有虎后有狼，两边是水，这个人一着急，一下子就过去了，问这个人是怎样过去的。

答案是，这个人晕过去了。

我看后，真的很气愤。这样的东西拿给孩子看，无疑是混淆了孩子的视听，对孩子的正常思维无疑是误导……

我看石头的一本画册里描述了这样的故事——智慧的辩证。大意说的是孩子揭穿家长虚伪的故事。说，一个盘子里有三个梨子，其中有一个是大梨，另外两个是小梨。当孩子看到妈妈把放梨的盘子端上来时，立即跑过去，拿起大梨就呼呼地吃，没有一点虚伪的做作。爸爸告诉孩子，他应该讲礼貌，不应该上前就抢大梨吃。孩子反问父母，如果让你们拿梨，你们先拿哪一个梨呢？

爸爸说，我当然要先拿小梨啦，妈妈也说自己先拿小梨。孩子又问，那么，是不是你们还是把大梨留给我吃呢？父母一齐点头说是。

孩子马上说，既然这样，我拿我应该吃的大梨，我吃大梨，爸爸怎么生气呢？不是说做人要言行一致吗？爸爸怎么口是心非呢？……

孩子把父亲辩得理屈词穷。

整个故事把中国传统的《孔融让梨》的故事来一个大翻个。简直如同散布"陈世美"抛妻有理一样，侵蚀着人的心灵。

我看到石头的一本《童话世界》。写的内容还可以，读起来却非常的晦涩，原因是错别字太多，一共几百字的小小短文竟然有二三十个错别字，甚至有许多让人有点不知所云的倒装句。我想查一查是哪个出版社如此的不负责任，经仔细辨认，敢情是盗版书。

我经询问才知道，原来石头看的一些书，是石头的姥爷花7元钱1公斤的价格批发来的。姥爷的想法很简单：反正石头爱看书，就给石头多批发点适合他这个年龄看的书，让他看个够。石头看书看多了，也能学到点啥。姥爷只管买不管看。

我花了许多时间，把石头的几大纸箱子书都通读了一遍，把其中近三分之一的书纳入不可救药的废品处理了。

一本不好的书，对于孩子来说，就相当于让孩子抽了一支污染孩子心灵的烟，损害了孩子的心灵。

孩子要读书，就要读好书，读对孩子身心健康成长有益的书。孩子读一本好书，就相当于受到一次良好的教育，在阅读中获得知识，得到启迪，心灵得到升华。

家长为孩子买书，也应该学会鉴别什么是好书，什么是坏书。为孩子买一本好书，就相当于为孩子邀请来一个好的朋友，书的善良，书的温馨，书的智慧，书的气节，书的情怀，书的豪迈……就会在无形中传递给孩子，影响孩子的一生。

我在后来的日子里，也陆陆续续给石头买了许多适合他读的书。我为石头买的每一本书，最少也要走马观花地看一遍。我觉得在读书把关这个问题上，家长多费点心，多辛苦点，就可让孩子在读书时多受点益，这是非常值得的。

我的感受是，由于石头看书多了，慢慢地懂得了许多东西，与同年龄的孩子相比，也多了几分懂事。

十一、爸爸说得对，我是小朋友的需要

在当今的社会环境下，多数孩子都有很强的"自我意识"，家长要帮助孩子懂得，小朋友之间互通有无不仅是最珍贵的情谊，更是人生的资本。

像很多小朋友一样，石头小时候很"护"自己的东西，尤其是玩具和书，哪些是他的，哪些别的小朋友的，分得很清楚。石头当然没有意识到，他与小朋友之间相互交流各种玩具、各类书有多么的重要，也根本没有互通有无的概念。

我带石头出来玩时发现，他带的新玩具或新画册之类的东西，自己没玩够或没看够时，是决不让别的小朋友动的。除非自己对带的玩具玩够了、带的画册也看够了，而且自己的心情特别好时，才会让小朋友们玩一会儿他的玩具，才允许小朋友们看一看他的画册，而且不允许他认为手脏的小朋友动。他太拿自己的东西当回事了。

石头对于别的小朋友带的玩具、画册等，他不论自己多么想玩、想看，也都是眼巴巴地看着，只会向家长表示自己的欲望，自己尽量不向别的小朋友提出分享。如果家长没有协助他解决，自己又实在忍不住了，才会小心翼翼跟小朋友商量"我玩（看）一会儿行吗？"如果小朋友说行，他玩上了小朋友的玩具或看上了小朋友的画册时，会兴奋一天。如果小朋友说不行，他立即会情绪低迷下来。然后会不断地地恳求家长，也给他买小朋友手里拿的好玩的玩具、好看的画册。

这让我敏感地意识到，引导石头与小朋友之间学会共享资源互通有无是非常重要的，只有这样，才能最大化地利用好孩子们手里的每个玩具、每本书，孩子们才能在更大的范围内、在更广泛的意义上受益。

每个孩子拥有的资源都是有数的，也是有限的。每个孩子拥有的资源合起分享才是巨大的。孩子相互之间学会共享资源，互通有无，互相关爱，这对孩子的快乐成长具有重要的现实意义。

我用最直观的、最浅显的道理告诉石头，不论谁，也不论他多富有，他也只能拥有极小的一部分玩具、书。谁也不可能拥有天下所有的玩具和书。大家只有互通有无，学会共享，每个人才能玩到更多的玩具，才能看到更多的书。

我耐心地引导石头，你只有主动把自己的玩具、书之类的东西跟自己一起玩的每一位小朋友开放，让他们随便玩、随便看，当小朋友们有玩具、书这样的东西时，他们才会主动地给你玩，让你看。你与小朋友们在一起玩才会更开心、更快乐。

石头懂了，但是，他还是有疑虑。他担心地说："如果小朋友弄坏了我的玩具，撕坏了我的书怎么办？"

我说："这很正常，坏就坏了，只要不是故意的就行。你玩别人的玩具，看别人的书，你敢保证不弄坏别人的玩具、不撕坏别人的书呀……"

我就用这个道理跟石头耐心交流，石头依然处于不十分情愿的状态，他太珍惜自己的东西了。到了晚上，石头要睡觉的时候，我给石头讲了小田鼠的故事（故事比较长，但很有意义，为了不影响读者阅读的连贯性，我把这个故事摘出来，作为本书的附录一）。

我讲完故事，问石头："银川南来的三只小田鼠都守住了自己的所有，却没有度过北大荒的严冬，而银川北来的三只小田鼠却快乐地活到春天，你能告诉爸爸，这是为什么吗？"

石头趴在枕头上，想了又想，他说："因为银川南来的这三只小田鼠没有相互支援，所以，它们都在冬天里死掉了……"

我通过一步步引导的方式，终于让石头彻底明白，自己有别人需要的东西，别人也有自己需要的东西，大家只有互相帮助，每个人才能受益最大。

石头经过我的引导及自己的醒悟，极不情愿却很大方地把自己所有的玩具、书对其他小朋友开放了。一下子，很多小朋友愿意到我们家找石头玩。一些小朋友到家里找石头玩的时候，往往会带着他们的新玩具、书让石头随便玩、看。石头高兴极了，也快乐极了。

石头悄悄告诉我："……爸爸说得对，我是小朋友的需要，小朋友也是我的需要……"

我的体会是，对孩子的不良意识加以正确地疏导，就可以让孩子在成长的过程中多一分快乐，多一分美好……

十二、爸爸，我想吃棒棒冰

家长要善于拒绝孩子不合理的要求，一味满足就是溺爱孩子。很多家长的错误一是不能区分孩子的要求是不是合理，二是以不恰当的方式拒绝孩子。

　　我回到家里休假的时候，带石头玩、接送石头上幼儿园就由我承担了。这也算是我对石头父爱的一种补偿吧。

　　在家里，我最大的习惯就是兜里不爱装一点儿东西，钥匙、钱、证件什么的都掏出来集中存放。石头的姥爷姥姥都知道我有这个特点，所以，我带石头出门的时候，岳父总要提醒我："兜里装点儿钱，万一出去想买点儿啥东西，没钱怎么能行呢。"这是岳父在用一种委婉的方式告诉我，别忘了给石头买东西。

　　石头的姥姥则以更直接的方式提醒我："你出去兜里一定要装点儿钱呀，在外面，万一石头想买点啥东西吃时，你拿不出一点儿钱来怎么能行呢。"这却是一种指示，出去一定不能忘了给石头买吃的。

　　石头的妈妈虽然不反对我领着石头出去玩时带钱，却总是悄悄地提醒我："在外面，千万别给石头买乱七八糟的东西吃。孩子要是吃坏了，我跟你没完。"至于什么是乱七八糟的东西就全在于我的理解了。

　　对于我来说，领着石头出去玩，兜里装点儿钱，总比一点儿也不装好。至少自己遇到想买的东西时不尴尬。至于给石头买东西，我的原则只有一个：合理的可以考虑，额外的要求一定拒绝。

　　一天，刚吃完中午饭，石头就吵吵着下楼玩。我带着石头刚刚走出小区，就在公路边上碰到了一个推着自行车流动卖冰棍的。石头习惯性地跑去问卖冰棍的中年妇女说："还有棒棒冰吗？"

　　"有，石头，你买几根啊？"

　　石头扭过头来问我："爸爸，我想吃棒棒冰。买几根呀？"

　　我想都没想，就拒绝了："先不买，你刚吃完饭，不能立即吃棒棒冰，过一会儿再说。"

　　卖冰棍的中年妇女说："大热的天，石头想吃棒棒冰，你就给他买一个吧。孩子们都爱吃这个。"

"我不是不想买，孩子刚吃完饭，这一热一凉的，对石头的身体不好。"

"没事呀，石头吃完饭，在我这里买棒棒冰吃也不是一次两次了，他不是挺好的吗？"卖冰棍的中年妇女一边说，一边掀开箱子，从里边拿出一根棒棒冰。

我态度坚决地说："不买！你把棒棒冰放回去吧，石头刚吃完饭，不能吃棒棒冰。"

卖冰棍的中年妇女说："看来你没带过孩子，你怎么这么不明智啊。出了事算我的！"

"算你的我也不能给石头买呀。石头刚吃完热饭，不能马上吃凉的。要吃，最少也得等一会儿再说。"

"这根棒棒冰我不要钱了，就算白送给石头的。"卖冰棍的中年妇女一边说着，一边拿着棒棒冰往石头的手里送。

石头也伸出手来想接。我抢在石头的前边，挡住了递过来的棒棒冰说："谢谢你了，你送给石头，石头也不能吃。"

卖冰棍的中年妇女收回棒棒冰，自言自语地说了一句："真抠门！大热的天，孩子想吃一根棒棒冰都舍不得买。"她推着自行车走了。

石头听了这话，好像受了多大的委屈，一脸不高兴的样子，转过身来要回家。

我懂了他的意思，我是不可能让石头回家的，如果他回了家，有姥爷姥姥做他的后盾，他就赢了，他再有什么不合理的要求就更难控制了。

我疾步挡在石头的面前，直截了当地问他："你是不是想回家，拉着姥爷或姥姥下楼，给你买棒棒冰啊？"

石头低着头，用脚搓着地，没有吱声。

"我告诉你，有爸爸在这儿，姥爷或姥姥不会下来给你买棒棒冰的，这是第一。第二，你现在回家，今天就别想再出来玩了。"

石头开始犹豫了，抬起头来，用迷茫和委屈的目光看着我。

"如果你现在不回家，一会儿玩热了，你还有机会吃到棒棒冰。如果你现在回家，今天肯定没机会吃到棒棒冰了。你想好了，如果现在要回家的话，爸爸立即就跟你回去。"

石头面对我坚决的态度和最后通牒，迟疑了一会儿，最终还是放弃了回家的念头。

我温和地告诉他："你要记住，你的要求是合理的，爸爸会答应你，如果你的要求是不合理的，爸爸是不会答应你的。姥爷、姥姥、妈妈也不可能答应你的。"

石头在树荫下玩了一阵后，玩渴了，我给他买了他想吃的棒棒冰。

我的体会是，家长面对孩子的要求，不能一味地满足，要善于拒绝孩子不合理的要求，才有益于孩子的健康成长。

十三、爸爸，我错了

家长对孩子的不良行为的批评既要及时，又要做到有的放矢，晓之以理，才能达到批评的最佳效果，及时而恰当的批评就是防微杜渐。

一次，我们带石头去边家沟给他太姥爷过92岁生日。闹腾了一天，我们要回家的时候，石头竟然学着他远房舅舅说话结巴的样子，装作十分着急的神态，磕磕巴巴地对我说："爸……爸——啊就，我……我们就回家吧。"

石头的话，把旁边的两个亲戚都逗笑了，一个笑弯了腰，另一个笑得流出了眼泪。笑得最厉害的那个亲戚，还特意拍拍石头的肩膀说："石头，你学得太像你舅了，我都让你逗笑了，你这么聪明，将来长大了一定错不了。"

石头听到这话，立即露出了一脸快乐的笑容，他的情绪显得十分亢奋。

石头淘气的模仿，是引人发笑，我从内心也想笑。但是，在那一瞬间，我的理智还是战胜了我内心的发笑。我拉下脸，严厉地对石头说："石头，不许这么说话！快说再见！"

石头见我不高兴的样子，赶紧收敛了自己说："再见！有时间到我家来玩！"

我用自行车带石头出了村子。我问石头，你为什么刚才磕磕巴巴地说话。石头说，他觉得听舅舅说话磕磕巴巴、又着急的样子好玩，所以，就学了。

我知道，在石头快乐成长的过程中，我能给予他的一种最大的帮助，就是让他对生活的情趣形成一个正确认识。

有两点我可以做到：一是做好石头生活情趣的正确引导；二是及时纠正石头的不良行为。我笃信，家长对有益的东西的坚持，一定能影响到孩子，也一定能传递给孩子。

在一棵老槐树的树荫下，我停住了自行车，对石头说："石头，你也下车吧，今天你学舅舅磕磕巴巴说话的事，我们在这里好好说，说好了再回家。"

我坐在一块石头上，石头站在我的面前："石头，你自己说，今天这样做到底好还是不好？"

石头沉默了一会儿，嘟嘟囔囔着说："我感觉，没什么不好的，挺好的。"

"石头，你说一说，舅舅说话磕磕巴巴的，费了九牛二虎之力才说出一句话，舅舅这样说话到底是好还是不好？"

"不好。"

"既然是不好，你想一想，舅舅为什么还这样说话呢，他为什么不改呢？"

石头沉默了一会儿，摇了摇头说："不知道。"

"我知道，不是舅舅不想改，而是他已经落下了说话磕磕巴巴的毛病，他想改，实在是改不掉了。他为此痛苦极了。他说话越着急，越磕磕巴巴。他憋得脸红脖子粗的，半天说不出一句话来。你知道，舅舅有多么难受吗？"我停顿了一下，看看石头的表情，比刚才不认错的时候蔫了不少。我进一步说："如果你也学舅舅说话磕磕巴巴的样子，一旦落下了这个毛病，你就是想改也改不掉了，以后只能像舅舅那样说话了……"

石头不再吱声了。

"石头，你再想一想，如果你学舅舅说话磕磕巴巴的样子，让舅舅知道了，舅舅能不生气吗？如果舅舅生气，下次，你再到舅舅家玩时，舅舅还会给你好吃的吗？"

石头保持沉默，眼睛不时地往别处看，他的眼神告诉我，他已经知道自己不对了。

"石头，你知道吗？舅舅像你这么大的时候，说话一点儿也不磕磕巴巴。邻居家有一个小孩是天生的说话磕磕巴巴，舅舅觉得好玩，于是，就模仿邻居家的小孩学磕磕巴巴。很快，他说话就磕磕巴巴了，当他觉得不再好玩时，已经落下了说话磕磕巴巴的毛病。为此，你的舅姥爷没少打他，扫帚疙瘩都打碎了，他这个毛病始终没有被扳过来。"

我的话对石头震动极大，他虔诚地对我说："爸爸，我错了，我再也不学磕磕巴巴了。"

眼泪从他的眼眶里滚落下来。

我知道，现在，我对他最直接的信任交流就是与他亲情互动。这比对他再进行任何的说教都有意义。我站起来，很自然地把他搂在怀里，左手握住他的一只手，右手紧紧地搂着他，对他温馨地抚摸。我能感受到，这比对石头说任何一句鼓励的话都更能激励他。在孩子受到困惑，需要援助、理解时，这就是在向孩子传递激情，传递坚强的力量。孩子可以从抚摸中获得更多的宽慰和自信。

石头再也没有说话，一直依着我。但我能感觉到，我对他的爱已经在他的无言理解中直达他的心灵了。我用右手轻轻地拍了拍他的肩膀说："现在，我们一起回家。"

我把对他的信任、肯定和期待都通过亲情的抚摸传递给他，一种自然的感激之情显现在他的脸上，他说："谢谢爸爸！"

听到石头的话，我再次用手拍一拍他。我相信，他再也不会学磕磕巴巴了，也不会以别人的瑕疵为取笑对象了。

十四、打破一个碗，拾回一片天

孩子在成长过程中难免会有一些失误的事情，如不小心打破一个碗、弄破了家里的杯子等，家长的职责是要教导孩子以后不再出现同样的失误，这就是拾回了一片天。

夏天最热的时候是伏天。按着"头伏饺子，二伏面"的习俗，一天中午，我们吃热面条。石头的姥姥刚刚把热面条一碗一碗地盛好了，因太热的原因，没急着把热面条端到桌子上来，盛好的热面条就放在厨房的台面上，同时给石头也盛了一小碗热面条放在那里晾着。

楼下有小朋友在喊石头下去玩。石头因急于下楼去玩的缘故，等不及大人把热面条端到桌子上来，就自己到厨房的台面上去端自己的那一小碗热面条。

碗太烫了，他的双手端着面条刚走了两步，就随着一声："啊！太烫了……"瞬间，他就把盛满热面条的小碗扔到了地上。小碗掉到地面上的一刹那，他本能地一闪身，小碗摔碎了，四溅的热面条没有烫着他，他的身上也没溅上一点儿面条汤。

显然，石头意识到自己闯祸了，惊呆得不知道如何是好。他用一副惊悚的目光看着我。

我忙跑过去安慰道："你没烫着吧？"

石头摇了摇了头。我把他全身上下细细地看了一遍，真没有面条汤溅到他的身上。我还是抓过他的一双小手反复看了看，细嫩的小手指头略有一点儿红，但没有烫伤的迹象。我这才淡淡地对石头说："你到桌子那去坐着等吧，让姥姥再给你盛一碗热面条，爸爸把这儿收拾收拾。"

石头见状，"哧溜"一下，跑到凉台上把扫帚拿来了："爸爸，给你扫帚。"

我接过他递过来的扫帚，开始扫地上的碗碴子和面条……

"爸爸，给你簸箕。"石头不知什么时候，又把簸箕给我拿来了。我耐心细致地把碗碴子和面条扫进簸箕里……

石头也没闲着，学着大人的样子，拿着水渍渍的抹布，跟在我的后面，秃老太婆画眉似地蹲在地上擦面条汤留下的痕迹。

石头的姥爷姥姥坐在椅子上，微笑着看石头忙乎，谁都没有惊动他。

我看石头擦过的地，擦与没擦没什么太大的区别，甚至还不如不擦，弄得到处都是水。我对他说："你去吃面条吧，爸爸来擦。"

这时，石头的姥爷发话了："面条还没凉呢，石头也没法吃，他愿意擦地就擦一会儿吧，省得我们擦了。"

我张嘴刚要说话，石头的姥爷给我递过一个眼色，显然，他不愿我给石头的热情泼冷水。既然石头的姥爷姥姥都心甘情愿等着一齐跟石头吃，我也只能做出与他们一样的选择了。

在石头吃面条的时候，石头的姥爷姥姥对石头帮我拿扫帚、拿簸箕的事和他用抹布擦地的事给予了表扬。石头听了愉快极了。

石头吃完面条，快乐地下楼去玩了。由我把石头擦过的地重新又擦了一遍。

石头玩回来后，我问他："你中午端热面条的时候，是不是烫得手端不住碗了，你才把碗扔掉的。"

石头神态不安地点了点头。

我用手抚摸着他的头说："你做得太对了，你能及时把面条碗扔到地上，没烫坏手，这就是一种聪明的智慧。如果是爸爸端着，不扔掉，爸爸的手也会烫坏的。"

石头听我这么一说，显得十分兴奋地说："爸爸，你也会把面条碗扔掉呀？"

"对呀！但是，爸爸不会像你那样不动脑筋——蛮干，爸爸会用别的方式把热面条端到桌子上来的。"

石头来了兴趣问："爸爸，你怎么把热面条端到桌子上呢？"

我借机把石头带到厨房里，给他演示，怎么用一条毛巾垫着来端一个烫手的碗。

另外，我又拿出了专门用来端热器皿的卡子，给石头演示怎么用张开的卡子卡住器皿的边，然后握紧、握牢，稳稳地把器皿拎放到桌子上。

当石头弄明白了这两种做法后，我用一个大碗盛满了凉水，指导石头练习怎么把这大碗水平稳地端到桌子上。

石头通过两种方式的成功操练，颇有成就感地对我说："爸爸，我以后端再热的面条，都不会扔碗了。"

"你再端热面条的时候不扔了，如果让你端热菜盘子的时候，你扔吗？"

石头十分认真地说："我都知道怎么端了，我不会扔的。"

我故作严肃地说："如果会烫坏自己手的时候，该扔还得扔呀！"

石头十分开心地笑了。

十五、老爷爷，您坐我的座位吧

父母要正视孩子自私心的存在，如果能千方百计给孩子做出榜样，孩子就会享受助人的快乐。

石头的妈妈利用假期的机会，带着石头来朝阳看我。石头乍一来到如此繁华的城市，看到什么都感到新鲜，街上的花花绿绿、车水马龙，让他看得目不暇接，非常兴奋。

我决定带石头乘环路的公共汽车四处兜兜风，看一看朝阳这个城市的街景，顺便再领他到公园里玩一玩。

我领着石头上了环路公共汽车后，在靠近车门口的地方占到一个靠窗户的座位。我把座位垫上报纸，免得石头用鞋踩脏了座位。我让他站在座位上往窗外看，我则站在他的旁边用身体护着他。石头高兴地看着窗外，不停地问我这，问我那。我十分耐心地满足着他的好奇心……

公共汽车刚刚开出两站地，车上就上满了人，车厢变得拥挤起来。这时，我看见一位非常像我的母亲，岁数比我母亲还大的老人，也随着人流挤上车来。她上了车以后，就站在我的身边。当汽车重新启动时，那个向前的惯力，差一点儿让她摔倒在车里，我及时伸出手去扶她，她也本能地伸出手紧紧抓住了我，才没有摔倒。

当她重新站稳后，我拍了一下正兴致勃勃看街景的石头："来，爸爸抱着你，你把座位让给老奶奶。"

我把石头抱起来，把铺在座位上的报纸撤掉，让老人坐在这个座位上。

晃动的车，拥挤的人，我一只手抱着石头，还得用另一只手牢牢抓住车上的吊手，以站稳自己。这时，石头再想欣赏车外的世界已经不可能了，坐车一时成了遭罪的事。

石头噘着嘴说："爸爸，我的座位凭什么要给老奶奶坐呀！"

我怕坐在座位上的老人听到这话，赶紧对石头说："别说话，搂好爸爸，等一会儿爸爸告诉你。"

公共汽车越来越近地驶进市中区，上车的人也越来越多，我也不知道那位老人什么时候下车。我抱着石头实在受不了，当公共汽车在站点一停，就抱着石头挤下了车。

我带着石头来到市中心公园。

在公园里，只要是石头没玩过的东西，他也能玩的东西，我都尽量地让他玩上一会儿。他玩蹦蹦床、玩过山车、玩碰碰车……

石头玩够了，也吃饱喝足了。当我们等公共汽车准备回家的时候，他对我说："爸爸，再上车，这次我得站在座位上看外边了吧。"

我明白石头话的意思，于是，对他说："如果有老爷爷老奶奶上车的话，你还得让座位，还得让爸爸抱着你。"

这次，石头没说凭什么呀，只是疑惑不解地问："为什么呀？"

我十分耐心地以石头的姥爷姥姥为例，给石头详细解释了为什么要给老爷爷老奶奶让座位。石头跟姥爷姥姥最亲。用姥爷姥姥来比喻，更能打动他。

石头很快明白了，也懂了在公共汽车上给老爷爷老奶奶让座位，这是老爷爷老奶奶的需要，也是他应该做的事。

当公共汽车来的时候，石头还是在靠近车门口的座位上站着看车外的街景。当公共汽车开出五六站地的时候，停车后，上来了一个年纪大的老人，他一只手拄着一个竹棍，另一只手拖着一个布口袋，一个典型的农村老人。石头扭头看见了，表现得非常主动热情。

石头喊："老爷爷，您坐我的座位吧，我让我爸爸抱着我……"

我非常高兴地把石头从座位上抱起来，并奖励了他一个吻……

第 2 篇

孩子上小学的故事

　　小学是孩子成长过程中一个非常重要的转折点，同时也是大部分家长辅导孩子学习的黄金期，家长一定要平衡好孩子学与玩的关系，才能让孩子在成长的过程中更加阳光灿烂。

一、提前入学记

在孩子入学前，家长对孩子的智力和非智力因素做一个冷静的鉴定，对把握孩子的学习很有帮助。

石头能一字不差地背故事（详见《猴子喝水化成紫泥啦》），对我们震动很大。一个实际的问题摆到了我们的面前：石头要不要提前上学读书？

石头的姥爷姥姥不主张石头太早上学。一是担心石头太早上学，容易累坏了孩子；二是怕石头太小，自己照顾不了自己；三是怕石头太小，上学挨欺负。

我的主张是石头早上学。我坚信，孩子每天学习几个小时是累不坏的，脑袋只会是越用越活，越用越好用。至于石头年龄，这并不重要，因为孩子到什么时候也是孩子，大人多对孩子费点心就行了。

石头的妈妈也主张石头早点上学。石头如果能上学，就是再不学也能学点东西，这总比在幼儿园的学前班强……

家里经过一段时间的讨论，意见终于达成了一致：既然石头这样爱看画册，对于画册上的内容听大人读几遍就能全记住，是应该早点上学。

让我们犹豫的是：如果让石头现在上学，至少比正常上学的孩子小两岁，不知道学校能不能接受，另外，小学距离我们家有两公里多远，接送石头有点困难。

当石头知道了大人想让他上学的事，表现出空前的热情，恨不得马上就去。

每天，石头的妈妈送他上幼儿园时，石头都会问："妈妈，我今天是上学前班还是上小学呀？"如果告诉他是上学前班，他还会追问："妈妈，那我什么时候上小学呀？"弄得他妈妈不知怎么回答了。

鉴于石头上学心急意迫，全家为他上学的事四处奔走。石头的妈妈突击教石头100以内数字的加、减运算，教石头简单的拼音，以应付必要的入学考试。

石头为了能实现自己上学的心愿，学习热情非常高，他妈妈每天教他的东西，如果他不会，宁可不玩甚至不吃饭，也要学会了、弄懂了。石头表现出来的执着劲，石头的姥爷姥姥特别感动。两位老人也从内心笃信，早点让石头上学是正确的抉择。

经过一系列的运作，铁矿子弟小学终于同意看看石头的情况再决定。学校特别强调一点：没有规矩不能成方圆，如果石头能够通过入学考试并且有老师愿意接受他，就可以让他跟班试读。如果石头过不了考试的关，就只能等他到了上学的年龄再来。

石头在姥爷、姥姥、妈妈的陪伴下，去小学应试了。

石头从走向学校的那一刻起，仿佛自己已经是一个让学前班小朋友们羡慕的小学生了，一路上高兴得不得了，根本没想过学校会不会不要他。他越是这样，大家的心越沉重。

石头来到学校，宋校长和两名老师在办公室里负责对他进行提问、考试。石头的姥爷、姥姥、妈妈都按学校的要求退出办公室。他们只能透过窗户看石头考试。

他们谁也不知道宋校长、老师在说什么，更不知道石头是怎样回答的，只能从宋校长、老师的动作、表情上推测、判断事态发展的趋势。他们在忐忑不安中为石头担心着，就怕石头在陌生的环境里考砸了。

石头经过近30分钟的测试，终于被学校接受了。

事后，石头的妈妈打电话告诉我，石头在学校接受测试时，表现非常好，不仅百位数以内的加、减法做得快，而且乘、除法，石头也临场发挥得很好，20以内的乘、除法都能做对，负责测试的两名老师争着要石头。

听了石头的妈妈的话，我特别想知道，石头是怎么临场发挥做出20以内的乘、除法的。

石头的妈妈对我学道："张老师问石头：'你知道5乘以3得多少吗？'

"石头问：'老师阿姨，5加3得8呀，什么叫5乘以3呀？'

"曹老师说：'5乘以3就是5加5，再加5，3个5相加，这个数是几？'

"'老师阿姨，那我会。5加5得10，10加5得15，5乘以3应该得15。'

"宋校长问：'4乘以5得多少？'

"石头很快就回答出了：'老师校长阿姨，4乘以5得20。'

"张老师问：'7乘以2得多少？'

"石头还是很敏捷地回答出来了：'老师阿姨，7乘以2得14。'

"宋校长再问：'15除以3得几？'

"石头憋得够呛，不知道什么叫'15除以3'，只好红着脸对宋校长说：'老师校长阿姨，我不知道。'

"'你再好好一想。就是把乘法倒过来就行啦。'

"过了一会儿，他的脸更红了，胆怯地说：'老师校长阿姨，我倒不过来了。'

"曹老师说：'15除以3就是15减去5，再减去5，就是15这个数减两次5，剩下数是几？'曹老师边说边用手比画着，唯恐石头不明白。

"石头很快反应过来了：'老师校长阿姨，老师阿姨，15除3得5。'

"张老师接着问：'18除以6，你知道得多少吗？'

"这次石头不犯懵了：'老师阿姨，18除以6得2，不对，得3！'

"石头经过与宋校长、老师之间这么逐渐的磨合，再计算20以内的乘、除法，虽然不是很快，却是百分之百的正确。

"两名老师根据石头回答问题的情况，确定他是一个好的学习苗子，都抢着要。"

我听了石头的妈妈关于石头入学考试那细碎的唠叨，意识到，孩子有着我们家长意识不到的学习潜力，而孩子对学习渴望的激情正是孩子自己对这种潜力最好的提升，我们要注重孩子学习激情的培养，这对孩子学习能力的提高非常重要。

石头的妈妈千方百计地鼓励石头，激活他的学习激情，果然，石头在学习上收到了事半功倍的效果。

二、今天她迟到了，我比她早

上小学和上幼儿园的主要区别在于，孩子开始
有朦胧的是非观，老师、家长一定要根据实际情况，
帮助孩子把朦胧的是非观变得清晰。

一年级的新书到了。班主任张老师在办公室门口看见了石头，她让石头
找几个同学把新书领回去。

石头高兴极了，忙张罗着叫这个、喊那个，领着一帮男同学，连跑带颠
地把所有的书都搬回到教室讲台上，然后，兴奋地围着新书，翻翻这本、看
看那本。石头好像"刘姥姥进了大观园"，直到上课铃响了，张老师来了，
他才回到自己的座位上。

张老师开始按着学生座次的顺序从前向后发新书。书还没发到石头这
儿，他就坐不住了，跃跃欲试地站起来向前望着。书刚发到他前边那桌，他
就匆匆跑过去接书。拿到书，他脸上乐开了花，马上翻看起来。

新书全发完了，最后边的一个同学没有领到新书。张老师让这名同学别
着急，她去找校长问一问是怎么回事。一会儿张老师回来，随即，径直来到
石头的身边说："石头别看了，把你的书都给我。"

石头很不情愿地看着张老师拿走了自己全部的新书。

"张老师，拿我的书干什么？"

"赵燕燕没有书，书给她。"

听到这话，石头马上眼泪转眼圈了，"老师！为什么我的书给她呀？"

"她先来的，你后来的，暂时没有你的书，所以把书先给她。"

"不对！张老师，今天她迟到了，我比她早，同学们都知道！"石头的眼泪终于流了下来，他天大委屈地申辩："是我喊同学一起把书搬回来的，她什么也没干，我的新书为什么要给她呀？"

张老师不想跟石头纠缠："你先坐下吧，你的书以后再说。"

"不！我就要我的这些书，她没书，以后再给她不行吗？"

"不行！你别再说话了，现在，大家上课。"

同学们都在听张老师讲课，只有石头还在哭。他也不管上课不上课的，哭声越来越大。张老师好言阻止也没有阻止住。在他看来，张老师不应该抢他的书给赵燕燕。

已经快一节课了，石头还是哭哭啼啼的，小眼睛都哭红了，还是没有停下来的意思。

张老师这才开始担心了，真要是出点什么事，没法向家长交代。

张老师没办法，但又不能把给赵燕燕的书要回来给石头，她只好把自己用的那套教学用的课本给了石头，才平息了这场风波。

学校发新书本是一个萝卜顶一个坑预定的，没有计划外多余的新书。石头是插班生，他需要的新书是后来追加补订的，不能及时得到新书是正常的。可是石头并不理解这些，他只知道妈妈也给自己交了书本钱，别人有书，自己就应该有书。所以，老师将发到石头手里的新书要回来给别人，石头想不通也没有错。

暂时没有石头的新书可以一开始就不发给石头，书给了石头再要回去，难免起风波。这虽然是细节，但对细节的关注和妥善处理，这对孩子良好品质的形成是非常重要的。

公正地讲，张老师将发给石头的新书要回来给赵燕燕没有错，先订书的赵燕燕得不到新书，后订书的石头反而先拿到新书，这说不过去。张老师的疏忽就在于她忽视了一个细节，没有石头的新书，就不应该让他去搬新书。即使他自愿去搬新书，也应该告诉他，他的新书暂时还没有来，也就不会发生后边的事了。

发新书的时候，老师应该想到，自己班有多少学生，从教务处领到多少套书，这样的细节是不能忽略的。发现少书了，应该想到，书应该给谁，不应该给谁。因为，孩子也需要感情的慰藉。也许是新生新班级，老师忙忘了。

事后，我知道了石头哭要课本这件事的全过程。我站在张老师的角度上，为石头进行了耐心地解释；站在家长的角度上，对石头表明了我对张老师的理解和支持的理由；也站在石头的角度上，对石头进行了耐心地引导。直到石头明白张老师应该拿走自己的书，也明白了自己哭得没有理由……

最后，石头自己把教学用的课本送还到了张老师的手里。但是，张老师还是坚持把教学用的课本留在了石头手里，这让石头对张老师更加信赖了。

是啊，老师对孩子的影响尤为重要，孩子对爸爸妈妈的话经常不听，但是老师的一句话、一个动作都能对孩子的心理产生巨大的影响，甚至会影响到孩子的一生。老师的爱心就是孩子的阳光，为了孩子的健康成长，家长有责任协助老师读懂孩子的内心，理解孩子的感受，与孩子做好心灵的沟通……

石头要课本这件事，让我进行了反思，对细节纰漏的成功补救也是培养孩子的好办法之一。

三、我领教了石头的淘气

　　大部分孩子都会淘气，但孩子淘气与淘气的孩
子是不同的，孩子淘气不能一概打压，一定要辨明
孩子淘气的特点、性质，要从孩子的淘气中找到家
庭教育的问题。

　　石头正式入学了，这对于他、对于我们，都是大事。

　　他被插班到一年级（2）班，老师安排他坐在左侧倒数第2排的位置上。

　　石头上学后的第三天，我心里总是放心不下，就骑着自行车来到石头的学校。这所小学建在一个山坡上，石头的班级在右侧的山坡上。我刚进学校，上课铃就响了。

　　铃声一响，整个操场大乱，到处都是跑动的孩子。我一眼就看见石头从跷跷板上跳下来，从地上捡起一个纸折的飞机，一只手高高举着，嘴里叫着"嗡嗡……"，一边跑，一边侧昂着头看自己手里的纸飞机，冲进了教室。

　　学校很快平静下来，我从一年级（2）班后窗户的后侧面，向教室里投去了自己的关注目光。

　　石头在座位上坐着，当老师转过身在黑板上写字的时候，他突然站起身，把一架纸飞机使劲朝着右前排的一个男孩投去。飞机在飞向男孩的途中自己拐了弯，冲向老师的头部，撞在老师的发夹上，垂直掉了下去。"哗"

的一声，笑声四起。老师转身时，飞机在不经意间被碰到讲台下。

老师回头看了看，显然是没感觉出什么来，看来老师并不想浪费时间来追查同学们为什么笑，她只是严肃地告诫同学们上课不要乱笑，要严肃。

经过这个插曲，石头赶紧拿出文具盒打开，又从桌格里掏出课本翻开，开始目视黑板，专心听课。

可能这时，前边的男孩挡住了石头的视线，他用铅笔捅了捅前边的男孩，男孩回过头来，他趴在桌子上不知道与男孩说了些什么，男孩立即将自己坐的凳子向外搬了搬。

石头与黑板之间彻底地没了视线的阻挡，一切归于平静。

也就是一会儿时间，石头又开始用铅笔捅前边的男孩，男孩又回过头来，他趴在桌子上又不知道与男孩说了些什么，男孩将自己坐的凳子又搬回来，好像找正似的，坐好还回头看看，再小范围挪动挪动凳子，直到将石头挡在身后为止。

石头从书包里拿出一袋小食品，用削铅笔的小刀割开，他一边吃，一边又用手推一下前边的男孩，男孩回过头来，他给这个男孩一些，男孩接过后就把身子转回去了。他的同桌也凑过来分享他的小食品。

石头边吃边与同桌说话，一会儿，石头把他同桌汽车造型的多功能文具盒拿过来开始玩，没注意，文具盒开了，里面的东西掉得到处都是。他的同桌也没管，继续和他一起吃他的小食品。

小食品吃完了，他的同桌将空小食品袋悄悄地塞进左边一个女同学的桌格里，然后，收拢他那些让石头丢得哪都是的东西，石头继续兴趣极浓地玩着他的文具盒……

过了一会儿，石头不玩了。他又侧过身，视线绕过前边的男孩，仔细地看了一会儿黑板，我的目光也随着他的目光转向黑板，黑板上写的都是他曾经在家里学过的。他看完黑板，又看看四周，最后又将兴趣定位在玩上……

石头把自己用来算数的小棒棒拿出一根来，他的同桌也拿出用来算数的一根小棒棒，两个人的小棒棒中间相抵着，每个人都抓紧自己小棒棒的两端。然后，各自突然发力，用力将自己的小棒棒拉向自己的一边。由于小棒棒之间互相阻挡着，不结实的小棒棒就会从中间被结实的小棒棒拉断。接近下课时，两人的小棒棒几乎都损失殆尽。桌子、地上都是小棒棒的"残鳞碎甲"。

下课铃响了，石头用课本将桌子上的小棒棒的"残肢碎体"往桌下一扫，书往桌格一塞就跑出来直奔操场……

我走到操场前，他刚好跑过来。他看见我来了，只是打了个招呼，"爸爸，我再玩一下。"

我之所以如此细致地记录、描述石头上课淘气的细节，一方面这是第一次"监控"他上课的表现，亲眼见到他不在家人身边的淘气，另一方面我很想对做父母的读者——尤其是低年级孩子的父母说，有时候老师反映你的孩子调皮，可是无法具体描述的时候，你不要怀疑老师所说的。你看看我家石头上课那么调皮，哪是老师能够描述得清楚的呢？

当然，我看到石头上课淘气，我可不是仅仅来看看热闹的，我是带着问题来的，什么问题呢？下面的故事接着说。

石头跟同学打闹追逐一圈之后，跑到我跟前。我耐着性子问石头，上节课为什么没有认真听讲？

他说："今天老师讲的妈妈都给讲过了。再说，老师也没有妈妈讲得好，听着没意思。"

石头的话让我意识到，家长对石头的超前学习看上去挺美，但却有副作用，直接影响到石头接受课堂教育。

事后，我经过调查、反思，发现不系统的"东一榔头西一斧"的超前教育，这既消耗了家长的大量精力，也容易对孩子的学习起到先入为主的作用。孩子对新东西感兴趣，对旧知识不感兴趣、缺乏感觉，这样的特点，往往使超前学习成"夹生饭"。家长望子成龙心切，但超前学习对孩子的成长并不一定是好事。

正是基于这样的考虑，我并没有过多地批评石头的课堂表现，而是耐心指导他怎样好好上课，怎样好好听课。弄不清孩子调皮的原因就指责孩子调皮，并不是负责任的教育方法。

至于石头上课吃零食，这是大人的责任，大人不买，根本就不存在他上课吃零食的问题。这个道理说起来谁都明白，做起来就不容易了。现在许多家庭都是一个孩子，孩子一句话"我饿了"，就可能把家长事先制定的一切原则都破坏掉了，不管孩子的要求合理不合理，立马让步。

我面临的也是这样的一个怪圈：石头的姥爷姥姥明知石头上学带小食品不好，也怕他带了小食品控制不住上课吃，但就是怕万一孩子饿了怎么办。也正是这样，使得老人们的亲情溺爱远远大于理性。

石头的姥爷姥姥给石头装小食品时，总是嘱咐他千万别上课吃，要吃下课再吃。特别是原谅了石头早晨不好好吃饭，小食品也就成了他上学必备的东西。

我的观点是，上学给孩子带零食就不可能控制孩子只能下课吃。如果孩子上课想吃，又不敢吃的话，那么，他在课堂上就会翻来覆去地想，直到吃到嘴为止。这样，即使没有上课吃零食，也会让孩子的学习效率大打折扣。

我只能另辟蹊径。正如我所料，石头在回来的路上又想买吃的，我不失时机地提出一个他必须遵守的协议："以后只能放学买东西吃，上学不许向姥爷姥姥要东西带。否则，爸爸妈妈就不再给你买任何东西。"

"爸爸，如果我不带小食品，我饿了怎么办？"

"早晨多吃点就不会饿了。另外，爸爸妈妈可以建议学校对你们这些一年级的学生开课间食。"

"什么是课间食呀？有炸薯片好吃吗？"

"课间食就是下第二节课后，让你和小朋友们吃些饺子、包子、饼什么的，就像你在家吃饭一样。"

"啊，那多没意思呀，还不如听爸爸的，放学买好吃的呢。"

石头最终同意上学不带零食，条件是："爸爸，那得我说买什么好吃的，你就给我买。"

孩子爱吃什么就给孩子买什么，这本来就是家长的本意。

"行！来拉钩吧。"

"相互拉钩"这是孩子心中的诚信。我用小指与石头的小指拉钩，这在石头看来就是天大的许诺，是不能违背的。

孩子对诚信是那么的赤诚，做家长的也必须以同样的赤诚来对待孩子，对孩子的许诺就应切切实实、一丝不苟地落到实处。

石头常看重自己的诺言——拉钩，即使他忘了，家长提起时，他也会遵守。我平和地解决了石头上课吃零食的问题。这让我意识到，家长恪守对孩子的诚信，这对孩子的教育成长至关重要。

四、爸爸错了，太阳与月亮是一家人

高品位、机智幽默的笑话可以让孩子收获智慧
和快乐，可以启发孩子的联想力，激活孩子潜在的
创造力……

石头让我感受最深的是，他的联想力非常丰富，连接万象、无拘无束，
没有一点儿章法。在他的情感世界里，他的联想可伸可缩，无边无际，可以
是虚缈的，也可以是真实的。宇宙之大，一切东西都可以让石头联想在一
起。万物之多，一切事物都可以联想成最亲昵的朋友，甚至水火也是相容的
好朋友。他可以开着飞机去天宫玩，他可以造一个长梯子爬上天为姥姥摘星
星……简直没有一点儿逻辑性可言。

兴趣、好奇、探索、联想，这构成了石头心中的美妙世界。

我认为，孩子对眼睛看到的事物随心所欲地去联想，这是好事，这是孩
子燃起的智慧激情，也是孩子正在开发中的智慧宝藏，这是孩子最大的宝贵
财富，家长特别需要倍加的呵护和珍惜。

我正是抱着这样的想法，经常耐着性子来听石头亢奋地讲述他的梦幻般
的联想。

有一次，我和石头坐在石台阶上纳凉。

石头眺望着明洁的月亮问我："爸爸，你说月亮是世界上最大的一块金

子吗？"

"你说呢？"

"我说是，月亮是世界上最大的一块金子，也是世界上最纯的金子。"

我问："为什么呢？"

"因为金子才发金光，月亮比我姥姥戴的金戒指都亮，比我二姨戴的金耳钉还发光。姥姥说了，金子越纯越亮。所以，月亮是最好的金子。"石头很自信地说出了自己的联想依据。

"月亮是石头的，不是金子。"

"爸爸骗人，石头怎么会发光呢？"

"月亮反射的是太阳的光。"

"不！爸爸，你错了，太阳与月亮是一家人，太阳胆小，所以，太阳白天出来为天照亮，月亮胆大，所以，月亮黑天出来为天照亮。"

"真的吗？"

"真的，太阳胆小怕人，你一看她，她就用针扎你的眼睛，不让你看她。月亮就不，她胆子大，你可以随便看。"石头天真地联想着太阳与月亮的缘分。

"那你告诉爸爸，为什么月亮有的时候只剩一半了呢？"我故意问他。

石头歪着头想了想说："那是月亮感冒了，她怕人想她，所以，只露出一个头来为我们照亮，身子用被子盖着呢。"

"你怎么知道的？"

"我感冒的时候，小朋友找我玩，姥姥就让我盖着被子，露出一个头来与小朋友说话。"

我换一个方式问他："我们家的电灯泡打开了也发金光，你能说电灯泡也是金子吗？"

石头却说："电灯泡亮是有电，爸爸，你说，如果月亮不是金子的，谁给月亮发电呀，再说了，也没有电线和月亮连着呀！"

石头说来说去，就是认为月亮是最好的金子。他十分天真地跟我说，如果我不信的话，他可以用高射机枪瞄准月亮打一小块下来，让我看一看。条件是，他用高射机枪把月亮打掉的渣，我得自己想办法给月亮黏好，他可不管了。

我看着石头那种十分认真的样子，权当石头说的是真的。石头以为说服了我，高兴极了。

我的感受是，耐心地听孩子述说他的荒唐的联想、想象，这就为孩子丰富智慧留下了更大的拓展空间，不要用说教的方式和严密的逻辑关系的方式来好心地抹杀孩子的联想、想象。我相信，孩子丰富的联想力经过时间的锤炼，在孩子成长的过程中，就会为孩子带来美好的回报。在现实社会中，只有拥有丰富联想的人，才可能有最大的创造力。

五、因为我没怕，心没慌

家长要善于培养孩子的自信心，这非常重要。不畏惧才能赢，孩子能够勇敢地面对事情，这是提升孩子素质的最好教育。

石头的妈妈和我终于在朝阳安了家。我们的新居临近小学，楼房就在小学的东侧，只有一墙之隔。从我们居住的楼上就可以俯视整个小学。同样，越过小学西侧几十米远的平房区，就是我单位的办公楼。石头的妈妈在五楼工作，我在四楼工作，我们办公室的窗户都是面对小学的，从我们办公室里也可以远距离地俯视小学全景。

石头的妈妈工作安顿下来后，我们要做的第一件事，就是解决石头到朝阳来上学的问题。

石头的姥爷姥姥非常赞同我们将石头接到朝阳来上学。他们认为，城里的学校怎么也比乡村学校条件好，石头怎么也能多学点。石头上学还可以少遭点儿罪。但是，要求我俩一定要给石头选一个好学校。

如果石头进入一个差学校，又处于大人上班时没人管的状态，还不如让石头在农村将就着读完小学再说。

据说，这所小学教学质量在全市排名是最后一位，参加全市统考时平均成绩比全市倒数第二名还要低20多分。另外，就是这所小学的老师很少留作业，也从来不检查作业。在朝阳，孩子上哪所小学，是按学区划分的。这就决定了石头必须转学到这所小学。

石头在这所小学上学的好处是，出门就上学，放学就回家，这省去了我们许多的担心和麻烦。

我向石头的姥爷姥姥通报情况时，把这所小学说成是一所非常不错的学校。这是一种善意的谎言，一是为了省去两位老人的种种担心与忧虑，另外也是为了避免家庭教育中可能引起的冲突和风波。

在石头的姥爷姥姥想来，好学校当然要收好学生，不会要学习差的学生。所以，两位老人特意强化了石头来朝阳前的自信心训练和学习训练。

一切准备就绪。当石头的妈妈将石头转学证明和户口本送到小学李校长手里时，李校长简直不敢相信，这么小的孩子上一年级还不到年龄，现在居然上到了二年级。李校长委婉拒绝接受石头入学，他认为，小学既不是学前班，更不是托儿所，是适龄儿童才能上学的地方。他一个劲强调孩子过早上学不利于孩子成长……

石头的妈妈坚持说，孩子的转学手续齐全，在别的学校能读，在这怎么就不能读了呢。不管孩子早上学对孩子的成长有利还是没利，孩子上学了，怎么也得继续学下去吧。

学校的意见是，尽管石头已经二年级了，但是，这毕竟是在农村小学读的，农村小学的二年级与城里小学的二年级是两码事，根本无法比。如果家长坚持让孩子来上学，只能看看孩子学习能不能跟上，如果跟不上，学校也无能为力。

最后，学校与石头的妈妈达成一个折中的协议：等石头到学校，测验后再说。

第二天早晨8点钟左右，石头的妈妈带着石头来到小学。

石头见到李校长说的一句话是："老师早上好！"

石头干净利落的样子，给李校长的第一印象很好，李校长承认，石头根本不是他想象中那样的农村娃子。

经过对石头的一问一答，李校长很满意。

李校长随即将石头的妈妈、石头领进了二年级的办公室，把二年级的教学组长王老师介绍给石头的妈妈，彼此说了几句话客套话就转入正题，对石头进行测试，以决定对石头的下一步安排。

王老师给石头在办公室的一角找一个座位坐好，然后，递给他两套题，一套题是二年级的数学考试题，另一套题是二年级的语文考试题。石头先做哪套题都行，答题时间完全按正常考试的时间计算。

王老师坐在离石头不太远的地方，一边与石头的妈妈小声说话，一边监督石头的做题。

石头先做的是数学试卷。约半个多小时后，石头说："报告老师！我的数学题做完了。"

王老师不可思议地问："孩子，你再说一遍，你什么做完了？"

"报告老师，我的数学题做完了。"

"整个试卷都做完了吗？"显然，王老师还是有疑虑。

"是。老师，整个试卷上的题我都做完了。"

王老师忙说："好！好！"他抬手看看手表，面带微笑走过去问："孩子，你不再检查了吗？"

石头迟疑地望着王老师，显得有些不知所措。石头的妈妈赶紧对石头说："石头，你要认为试卷你都做对了，就把试卷交给王老师。如果没把握，你就再检查一遍你做的题，时间还多的是。"

石头没明白妈妈让他再检查一遍的真正意思，毫不犹豫地把数学试卷交给王老师。

石头交卷后，马上做语文试卷。石头的妈妈也不好再说什么了，只能带着担心在一旁看着王老师为石头改试卷。

王老师改完试卷，对石头的妈妈小声说："真不错。一点也没错，用这么短的时间，就做完了这套难度很大的数学试卷，看来孩子的基础还是相当好的。说实话，这套试卷也是我们的期末考卷，学校还没有一个得一百分的呢。"

石头又用40多分钟的时间做完了语文试卷。

石头交卷后，石头的妈妈对他说："你先到操场上去玩一会儿吧。"

石头玩去了。石头的妈妈等待着后进来的张老师给石头改语文试卷。

阅卷结果出来了，石头的语文试卷得分是98分。

李校长、王老师、张老师都对石头的测试结果非常满意，一致认为石头真是一个好学苗。学校对石头入学的态度发生了根本性的转变，积极欢迎石头转入学校。

得知这一消息，我特别奖励了石头一个玩具。

我问石头："儿子，这次入学测试，你怎么考得这么好呢？"

"因为我没怕，心没慌……"

这使我确信，在陌生的环境里，孩子不畏惧才能赢。培养孩子勇敢地面对一切，这是提升孩子素质的最好教育。

六、道歉行动

孩子都会犯错误，很多家长不容忍孩子的错误，明智的家长则是想尽一切办法促成孩子的自我教育和自我校正。在这方面，家长越用心，孩子越受益。

仲秋时节，一切都丰满成熟了，结实的果实到处弥散着诱人的芬芳。

这是一个休息日，吃罢早饭，石头就急匆匆下楼和小朋友玩去了，但直到中午1点还没回来，这可急坏了我和石头的妈妈。我只能到外面四处寻找。

楼区内一片平静，往时喧闹的孩子们早已没了踪影。楼房前边是车来车往的主要街道，街道边、路边上的行人也是熙熙攘攘的。我寻觅、搜索着，并没见到石头的身影。

我心焦如焚，开始围绕着家属区的楼房，采用漫延、扩展的方式向四周一点儿一点儿地扩大搜索范围……

当我找到最后一栋楼的楼区拐角处时，从旁边的仓房夹道里传来了孩子们杂乱的声音。我沿着声音的引导寻找。我拐过楼角，发现了孩子群：在仓房的阴凉处，有七个孩子环绕着火堆快乐地忙乎着，显然，他们已经忘记了时间，忘记了回家。

孩子们将铺道用的大方块水泥砖挖出了两块，放在水泥砖铺的道上，架起了秸柴、木枝，燃起一堆火，用柳树棍从玉米的一头插入，然后拿着柳树棍将刚刚满浆的玉米架在火上烤。有三个孩子烧烤着玉米，一个孩子添柴火，一个孩子一边兴奋说着，一边指挥着，另外两个孩子一边看着火，一边辅助烤玉米……

石头在竖起水泥砖的另一端烧烤着玉米，他全神贯注地调整着玉米的烧烤距离，仔细地关注着玉米，腾起的火光映红了他兴奋的脸颊。他一边翻转着玉米，一边嚷嚷着："我这有一个要烤好的了，谁先吃。"他对自己能烤好一穗玉米充满了自豪感，丝毫没有察觉到我的到来。

"石头回家吃饭了。"听到我的叫声，他一呆神，扭头看到我来了，高兴劲就像被急刹车一样刹住了，取而代之的是一种诚惶诚恐："爸爸，你来了。"

孩子们见到我的突然到来，也立即静下来，谁也不再说一句话。他们的目光都投向了我，他们看着我，很像是在课堂上自由喧闹的孩子们突然遇到班主任闯入一样，鸦雀无声，神情也都不自然起来。

我首先打破这个突然形成的沉闷："你们在这烤玉米可要当心点儿。水火无情呀。"

这时，孩子们才开始放松紧张的情绪，纷纷表示没事，他们烤完玉米后，一定把所有火星踩灭了再走，决不会出事。

当我看到孩子们的情绪没那么紧张了，才用责备的口吻说："你们怎么将水泥砖抠下来烤玉米呢，如果都这样，我们走的路不就被破坏了吗！"

孩子们显然知道这是不对的，一个叫姜大鹏的小孩忙解释说："我们实在找不到别的东西了，才抠下这两块水泥砖来架秸柴、木枝的，完事后，我们保证把水泥砖放回原处。叔叔，你放心，我们要不把水泥砖放回原处，你可以告诉我们的妈妈。"

另一个叫华子的小孩跟着说："叔叔，我们烤完玉米，一定把剩下的东西丢到垃圾箱里去。"

石头这时说："你们烤吧，我回家了。"他开始把那穗烤好的玉米递向姜大鹏。

姜大鹏忙说："你烤好的这穗就自己吃吧，我们再烤。"

石头抬头望着我，迟疑着没把这穗烤好的玉米真正送出去。我明白石头的意思，他是想得到我的许可。从他的神情来看，他真是想将这穗玉米留下来自己吃。

我想，石头能吃到自己烤好的玉米，那种心情一定是很爽的，那种感觉一定与吃我给他买的烤玉米的感觉是不一样的。想到这里，我明确了我的态度："你想吃就留下，不想吃就留给大伙。"

听到我的话，石头的真实思想很快表露出来，他欢快地对小朋友们说："这一穗烤好的玉米，我就吃了，谢谢你们了。"

石头一边啃着自己烤好的玉米，一边跟我回家。

我一边走，一边问石头："你的玉米是从哪儿来的？"

"是我们到楼后那片玉米地附近捉蚂蚱时，从玉米地里掰来的。"

"你们这帮孩子这么做是不对的。"我很生气，但只轻描淡写地点评了一下他们的行为，并没有采用过激的行动，主要是不想打搅石头一会儿吃饭的胃口，但是，问题出现了，一定是要解决的，而且必须解决好。

石头睡完午觉后，我来到了他的房间。我开始详细询问他们从楼后玉米地里掰人家玉米的情况。

石头如实回答了我的问题。他们一开始只是去玉米地附近捉蚂蚱。不知道谁说馋了，想吃烤玉米，这一句话立即勾起他们心中的馋虫，于是，他们开始不计后果地到玉米地里掰人家的玉米，总共掰了人家11穗玉米。

我问石头，他参与掰人家的玉米没有。石头说，他没有参与，因为他怕我知道了说他。他跟着去了，只是在玉米地附近捉蚂蚱，没有到玉米地里掰人家的玉米，他只是帮着拣秸柴、木枝了。

虽然石头没有直接参与掰玉米，但是参与了烤，应该说所犯的错误是一样的。

经过我耐心又严肃的说教，石头诚恳地承认了自己所犯错误的严重性。而且，他在自己的日记中，自觉地写下了不再犯此类错误的决心。

为了更好地教育石头，给他留下一个深刻的烙印，让他知道犯了错误，只能虔诚地改正错误，才能得到别人真诚的原谅，我开始精心策划了道歉计划。

我认为，孩子学会向别人道歉，这也是孩子身心健康成长的重要一课。

我了解到孩子掰的玉米是后楼老赵家的。我没有冒昧带着石头径直到老赵家去道歉，因为我不知道人家在这个问题上的态度是什么，如果人家对前来道歉的石头是怒发冲冠的一通指责，那么，就达不到教育孩子的目的，而且会给他留下伤痕。所以，我做的第一件事是了解和沟通。

我知道老赵是一个闲不住的人，喜欢登山、采蘑菇、郊游等。因此，我特意与他约定了一个日子，约他一起上凤凰山采蘑菇。

我们采蘑菇很愉快。在回家的路上，我在一个小吃店里请他小酌，在给他敬酒的时候，我带着歉意把孩子们到他的玉米地掰11穗玉米的事告诉了他。他非常爽快，连连说这不算什么事，这样的事，他小时候也经常干。他非常诚恳地表示，玉米就是要尝个鲜，孩子要是想吃的话，可以随时去拿，不用特意告诉他，碰到的时候告诉他一声就行了。

老赵的态度也不完全出乎我的预料，正表明我转个弯道歉是对的。我首先向他道歉，是表明我做家长的有责任，古语都说了"子不教，父之过"嘛，对于孩子的过错，家长不能推脱，应该首先承担教育的责任。

晚上，我带着石头来到老赵家，由石头当面向老赵认错、道歉。石头的诚恳认错、虔诚的道歉，不仅得到了老赵的谅解，也得到了他的热情夸奖。走的时候，老赵把一些嫩玉米硬塞给石头，这真的让石头十分感动，更让石头意识到，犯了错误并不可怕，犯了错误勇于承认错误，勇于改正错误，就可以得别人的谅解。

我的观点很简单，虽然我不能管住别人的孩子，但是，必须管好自己的孩子，及时纠正自己孩子的错误，才能有利于孩子快乐成长。

七、小孩起干戈，大人赠玉帛

孩子和小朋友有时候是"死党"，有时候是"对头"，孩子们的打打闹闹都是常事，作为大人，不是不能介入孩子的矛盾，关键是要有正确的态度和方法，要化解矛盾，把矛盾变成友谊。

当石头带着不安的情绪面对我的时候，我采取最擅长的手法，就是面带微笑，抚摸一下他的头，或拍拍他的肩膀，用无声的语言来与石头进行心灵上的沟通。这也是我与石头最好的沟通方式之一，石头此时所感受的亲切和温暖远远胜过任何语言的抚慰。

我们都知道，孩子们在一起嬉戏玩耍，这是孩子们快乐生活的一部分，更是孩子们成长中不可或缺的元素之一。但是，孩子们在一起玩耍的时候，时常会因争执或不明的原因，发生一些不愉快的事。

一次，石头与后栋楼三单元的孩子小金锁撕打在了一起，打架结果是，互有破伤，石头的脸破了一块皮，小金锁的胳膊被挠出了血……

石头与小金锁的"战争"结束后，小金锁的母亲赶到了，她不依不饶，主观臆断地认为，她家的小金锁在打架中一定吃亏了，于是扯开嗓门大叫。

孩子们打架不好，但如果发生了就应该先了解前因后果。我了解到他们打架的起因在于争抢几张花牌，两人都有错。

小金锁的母亲很生气地堵到我家门口，这惊动了四邻。遇到这样的事，不论有没有理，我都首先本着息事宁人的态度，费了很大的劲才平息了小金锁母亲的怒火。

进了家门，我从石头的眼神里看到了他很害怕，他知道自己闯祸了，见我坐在椅子上不理他，所以十分胆怯地站在我面前。

我意识到这时候石头需要抚慰。我轻轻拍拍他的肩说："行了，不怪你，没事了。"石头的表情瞬间由恐惧缓解为不安。

"你去吃香蕉和桃子吧，你妈妈给你的香蕉在厨房的桌子上，桃子在小铝盆里呢。"

石头拿了一根香蕉和两个大桃子从厨房里出来问："爸爸，你吃吗？"

"爸爸不想吃，你快吃吧。"

我随口又说了一句气话："你以后再也不许跟小金锁玩了。"

"我知道了，爸爸。"

谁知道，我这句话事后竟然被石头奉为准则了。将近半年的时间，不论石头怎么憋闷、孤独，小金锁上门来找他玩，他都不跟小金锁玩，宁可憋着。

按理说，孩子之间是不应该有隔夜仇的 。我很快意识到，是自己的心胸狭窄以及心理不平衡影响到了石头。要培养孩子宽阔的心胸，家长首先就不能小气，我说那句话是因为对小金锁的母亲气不过，但我那么说是错误的。我一直在寻找机会修复石头和小金锁的关系。

这个机会终于来了。一天，石头正在家憋得发慌，我擦窗台上的玻璃时，一眼看见小金锁正孤独地在楼下发呆，于是，我扭过头来对石头说："小金锁就在楼下，你在家也憋够呛了，你们到小公园玩玩去吧。"

石头用惊愕的目光看着我。我从窗台上下来，一只手抚摸在他的肩上，微笑着鼓励他："你怎么还不快走啊。"

一种动情的感觉从他的眼睛里流出来了："爸爸，那我去了？"

我拍拍他："别打架。"他立即像一只快乐的燕子飞出了家门。

一次，我把亲戚送到车站后回家，一推开家门，就看见小金锁和石头正坐在沙发上，一起大吃亲戚捎来的牛肉干。我的突然闯入，让两个孩子瞬间陷入慌乱中。小金锁惊恐地从沙发上站起来，他手里的牛肉干也掉到了地上，一脸的"上天无路、入地无门"的恐惧。

我把小金锁掉在地上的牛肉干捡起来，用手拍拍他的肩，又重新把牛肉干塞到他的手里。我用这沟通方式迅速把亲切、和蔼、温馨送达到小金锁的心底，烘热了他的情感，他表露出来的害怕和恐惧变成了一种感激的神情。

我为了再给小金锁一份安全感，就对石头说："你和小金锁就在家里好好玩吧，爸爸还有事，出去一趟。"我迅速离开了家，把整个空间留给了两个孩子。

事后，石头兴奋地告诉我："小金锁对我说，你爸爸真好，我要有你这样的爸爸，死了也知足了。"小金锁的话让我感动。我没想到，我拍拍小金锁这种简单的安抚方式，竟然在他的内心世界里产生了不可低估的影响。

是啊，家长用虔诚和爱抚摸一下孩子，拍拍孩子，并不花费什么，家长的意愿却能直达孩子的心灵，亲切、和蔼、信任、期待、赞许、责备、鼓励……这都容易被孩子所接受。

抚摸一下孩子，拍拍孩子，不仅向孩子传递了复杂的情感交融信息，也更直接地表达出了父亲对孩子的关爱与呵护，让孩子更加深刻地感受到父爱对他的期望。

适宜地抚摸孩子，这是最温馨的爱抚和最温暖的感情传递，可以让家长的大爱直达孩子的心灵，这是任何说教都代替不了的。

八、石头玩足球都玩疯了

八九岁以后的孩子开始对某些事物的兴趣达到痴迷的程度，有时候甚至与学习产生冲突，家长不能一味打压或纵容，而要智慧地转化和矫正。

石头生性是活泼好动的，家里有了他，大人想安静一会儿，最好的办法就是把他放出去玩自己喜好的东西。

石头的喜好之一就是玩足球。他经常约自己的小朋友们找个空地、胡同，甚至旮旯一起玩足球。他玩足球时，玩得如痴如醉，完全可以用废寝忘食来形容。俗话说"玩能成瘾"，这话一点也不假，随着时间的推移，玩足球成了石头酷爱的一个嗜好，出门玩的时候，不管能不能玩上足球，反正是不能忘掉用网兜拎着自己心爱的足球。

石头这样如痴如醉地玩球，成了石头的妈妈心头上的一个很大的负担。终于有一天，她动用了家长的权威来遏制石头玩足球的激情，严格控制石头出门带足球，不再让石头有机会接触足球。她采取这种急刹车的办法，使她与石头之间形成了激烈的对抗。

石头的妈妈坚决反对石头玩足球的理由是：石头玩足球都玩疯了，上学时拎着足球，说说笑笑讲的是足球；在学校活动玩的是足球，回家放下书包还是玩足球。一天到晚追着足球疯玩疯跑，天天跑得一身臭汗，累得够呛，哪还有心思学习呀。

由此，石头的妈妈有了石头玩足球会影响学习的意识，她再看石头的行为举止时，感觉就变了样：一说学习，石头便支支吾吾的，脑袋像生了锈，一点儿不转轴。一说到足球，他立刻来劲了，脑袋也开窍了。说起世界各国足球明星来如数家珍，没有不明白的。这还不算，文具盒、作业本上还贴了乱七八糟的足球明星布贴，这不管怎么行呢。

她让石头摆脱掉足球瘾的方法是：她在家时，不许石头接触足球；看电视，不许石头看足球比赛。

我知道，石头的妈妈毕竟在家里的时间是有限的，靠她的这两个办法来限制石头玩足球，充其量是"隔靴搔痒"，解决不了根本问题。

我努力说服石头的妈妈，对待石头玩足球的事不要过激了。即使石头没处理好学习与玩足球的关系，也是可以玩足球的。假如石头真不把学习当回事，即使他受到家长压制，违心地不玩足球了，但他还可以玩别的，照样可以不把学习放在心上，照样可以不把学习当回事。石头既然这么酷爱玩足球，我们适度加以引导、控制就是了。

最重要的是，孩子的爱好、情趣不一定只有统一到家长的意识上来才是正确的。

我对石头的妈妈说，我们必须承认，也必须面对的一点是：石头是孩子，不是小大人，孩子自有自己的思维方式，孩子自有自己创造快乐的方法，孩子更有自己特有的、形成快乐的游戏方式，不管我们做家长的理解与不理解，更多的是应该尊重孩子的选择。

我坚持，对于石头自己所选择的游戏方式，家长干涉得不要过多。

我劝石头的妈妈从有利于石头成长的角度，进行一次换位思考，站在石头的立场想一想。现在的孩子逆反心理很强，在非原则性的问题上，如果用强硬的手段来压制石头应该怎么做，强制石头不应该怎么做，并不一定能调动起石头学习的热情与积极性。石头的学习热情与学习积极性的形成，全在于石头自己的感悟。我们只能起到正确的引导作用。

我的潜意识是，在小学阶段，孩子快乐、健康成长，这是一切的重中之重。实在没有必要要求孩子的学习成绩必须一百分，特别是不能用文化课的学习来抹杀孩子思维发展的多样性。

抛开学习上的事，我对石头玩足球是支持的。足球可以锻炼孩子的体魄，足球可以使孩子更加机敏，足球可以加速孩子的动态思维反应，足球可以培养孩子的集体意识。

从培养孩子的角度来说，我认为，最重要的是家长要培养孩子的独立意识。孩子自己的事，尽量由孩子自己来决定。

玩也是一样，每个孩子都有自己选择的娱乐方式。家长需要把握的只是一个范围，只是一个原则。孩子只要在一定的范围内，不突破家长给出的原则要求，家长就应当对孩子给予百分之百的信任，给予孩子百分之百的授权。比如，规定孩子在玩的时候不允许说脏话、不允许无故地打架，孩子做到了，就可以了。

我始终认为，只有孩子自己选择的游戏方式才是使孩子真正快乐的方式，才最有益于孩子快乐地成长。

我的想法是：如果石头视足球胜过一切，把足球作为一个事业、理想来做，也是可以的。石头能够沿着这条道路走下去，我也会全力以赴支持的，不管将来他能不能成为一个足球明星，只要他努力过了，即使努力没有结果，甚至是失败的，也无怨无悔。

我通过与石头深层次地谈心，得知他从来就没想过把玩足球作为自己一生的追求。玩足球就是玩、就是快乐，这与他将来做什么，将来的理想没有一点关系。

我对石头说："那么，对不起，玩足球就不能影响你的文化课学习了。你得自己处理好玩足球与学习的关系了……"

石头明白了，他逐渐摆正了学习与玩足球的关系。一般情况下，他出去玩足球之前，肯定会把家庭作业做完再去。

在学校，石头也开始努力把自己的学习成绩拉上去，很快就将自己的学习成绩追到班级中等偏下的水平，刚好达到我的期望值，也基本上平慰了他妈妈的不满。

鉴于石头在学习上的进步，我特意为石头买了一个质量上乘的真皮足球。这是体育大赛用球，比一般的足球耐用许多倍。这也让石头的自尊心得到了极大的满足。

作为回报，石头主动表示，自己的学习成绩一定要再上一个台阶。

九、赔球风波

小学中高年级的孩子会时常有意无意惹出很多"事端"，也会把家长"卷进去"，家长不能回避，要站在公正的立场上积极介入，这样才能让孩子养成是非观和责任心。

一天，我下班刚到家，石头对我说："爸爸，我把汪海波的足球踢到公路上，足球让汽车压坏了。"

足球被汽车压坏不压坏是小事，孩子们在公路上玩足球万一让车碰了这才是大事。我严肃地问石头："你们在公路上玩足球啦？"

"我们没在公路上玩，我们在学校里玩的，足球是被踢出学校滚到公路上的。"

听到这里，我的心才放下来，但我还是强调说："千万要记住，今后，不论你还是你的小朋友们，坚决不允许在公路上玩足球，只要我发现一次，你就永远别想再沾足球的边，我说到做到。"

我在听完石头的表态后，才来细听他讲汪海波的足球被汽车压坏的经过。

原来，下午放学的时候，他与十多个小朋友在学校操场一起踢汪海波带来的足球。在进攻对方球门的时候，石头很难将足球有效地控制在自己的脚下，他忙将盘带的足球传给队友邹祥利。邹祥利没能用脚接住飞滚过来的足球，当足球碰撞到他脚背上的时候折变了一个角度，瞬时，足球改变了方向，飞出学校的大门口，足球顺着门口的斜坡而下，跳滚着上了公路。正巧，一辆满载的汽车沿着公路高速开过来，汽车的右后轮一下子就把足球压坏了。

听完石头的讲述，我说："你给我说这事，是想让我知道汪海波的足球被汽车压坏了就完啦，还是你有什么想法需要得到我的支持呢？"

石头半天没说话。为了缓解一下他的情绪，我换一个角度问："汪海波的那个足球是真皮的吗？"

我这么问是想对汪海波的足球估一下价值。我知道汪海波的家境，他的父母能给他买一个足球实属不太容易。

我想，事情既然已经发生了，石头也不是故意的，我没有什么可指责石头的。我决定去买一个新足球，好让石头给汪海波送过去。

"汪海波的足球是人造革的。"石头随后又补充道："汪海波的足球是一个旧球，他妈妈给他买半年多啦。"

我忽然想到，这是一个洞察石头内心想法的最佳机会。于是，我问石头："你说汪海波的足球是一个旧球，他妈妈给他买半年多啦。这话是什么意思？"

石头说："没什么意思。"

我对石头说："那就好。我知道汪海波的足球被汽车压坏的事了，你既然没什么意思，你就做作业去吧。"

石头还是站在我的身边没有走，一副欲言又止的样子。

"你到底还有什么要说的，说吧！"

"爸爸，汪海波看到足球被压坏了都哭了，在学校里，他就很害怕他妈妈知道了打他。爸爸，你到楼下跟汪海波的妈妈说说去，别让汪海波的妈妈打他。"

"还有别的吗？"

"没别的了。"

石头的回答出乎我的意料，他竟然半个字没提给汪海波赔足球的事。

一股怒气腾地一下从我心里升起。损坏别人的东西不想赔，这可是由小见大的坏事，这要是不教育可不行。我必须让石头明白，不管有什么理由，也不管什么客观原因，将别人的东西损坏都是要赔的，不存在不赔的问题，充其量也只是存在一个视情节轻重，视责任大小，视故意不故意来决定赔多赔少的问题。不论多少，必须体现出一个"赔"字来，这才是解决问题的正确办法。

我直截了当地问石头："你不觉得你应该赔汪海波一个足球吗？"

石头望着自己的脚，保持长时间的沉默。

"你说话呀。"

石头面对我的逼问，开始阐述自己的观点：他认为，是邹祥利将足球挡出学校外的，邹祥利要是不用脚挡足球的话，足球无论如何也是出不了学校大门的，要赔，也应该邹祥利赔。他的足球不应该赔给汪海波。石头特别强调说，汪海波的那个破足球值几个钱呀，自己的足球多好呀。

我听明白了，原来石头是怕汪海波要他的足球，让我去找汪海波的妈妈斡旋。

我告诉石头：他的足球好与坏，这与赔汪海波的足球是两码事，扯不到一起。但是，如果需要的话，他的足球也是可以赔给汪海波的。

关键是，他到底应该不应该赔汪海波的足球。

我的话已经说得很明白了，石头就是咬定，他不应该赔汪海波的足球。要赔，也应该是邹祥利赔。

"邹祥利也是这样认为的吗？"我换了一个角度问。石头开始保持沉默了。

"邹祥利到底是怎么说的？"我用严肃的目光直逼他。

"邹祥利在学校说，不是他将足球踢出去的，反正他不赔。足球不碰到他脚上，碰到墙上兴许也出学校了！再说了，是汽车将足球压坏的，又不是他，要赔也得汽车司机赔，不去找汽车司机赔，跟他说什么用。"

我问石头："从表面上看，你们都有理由不赔汪海波的足球，但在足球压坏的这个环节上，你不踢他不挡，足球也不会被压坏，这又怎么解释呢？"

我慢慢引导石头，使他明白：汪海波的足球被汽车压坏了，这是一件意外的事情，虽然他没有主观上的故意，但是，客观上已经造成了结果，就应该勇敢地面对。

经过一番苦口婆心的交谈，石头认同赔汪海波的足球。只是，他认赔汪海波足球的同时总要扯上邹祥利。他固执地表示，赔汪海波的足球，他最多只能赔一大半，另一小半应邹祥利赔。

为了更好地教育石头和妥善处理好足球这件事，我心里决定，先将石头的足球暂时给汪海波，等我买了新足球，再让石头把自己的足球换回来。

于是，我对石头说："以种种理由来推卸自己应该承担责任的行为，是理应受到惩罚的。作为惩罚，你马上把你的足球给汪海波送去。"石头一听，眼泪立即要转眼圈了。他嘟囔着说："一会儿给汪海波送去。"

事情应该到此就结束了，谁知道会节外生枝。

第二天中午吃饭的时候，我问石头："你把你的足球给汪海波送去了吗？"

"我早把足球给他送去了。"

"他玩你这个足球感觉一定不错吧？"

"足球没气了，他怎么玩啊！"石头的回答让我一头雾水，事情不应该是这样的。

"足球为什么会没气呢，不可能啊！"

"足球让钉子扎了。"

石头的回答让我吃了一惊。从石头不安的神态中，我感到这可能是一件不正常的事情。

"足球是你给他之前扎的，还是你给他之后扎的？"

石头沉默了一会儿才说："足球给他的时候就让钉子扎了。"

"一个真皮足球刻意用钉子扎都不容易扎漏气的，你给我解释一下，钉子怎么就那么巧把足球扎漏气了呢？"

石头扬起头看着房顶一声不响，没有一点儿想解释的意思。

"是不是你给汪海波送足球前用钉子把足球扎漏气了？"

石头还是一声不响，我判断一定是石头把足球扎漏气来宣泄他不愿意赔球的情绪。我觉得这是一个很严重的意识问题。

为帮助石头，我们开始了长达一个多小时的谈话，直到他彻底认错为止。

光认识错误是不行的，还要纠正自己的错误才行。在纠正错误方面，我与石头又僵持了一个下午。

我始终坚持的是，石头必须自己去汪海波家，在汪海波的父母面前说明情况，道歉，把足球换回来。我可以帮他去买一个新足球，但不会替他去汪海波家换足球。

我让石头去汪海波家换足球时，要求他在向汪海波的父母说明情况后，必须向汪海波的父母及汪海波道歉。话怎么说好，语言怎样表达，由他去琢磨、组织。

在这个问题上我和石头是较真的，并且耳提面命，目的是让石头能够正视自己的错误，面对当事人能够放下架子、俯下身来向别人道歉。他必须学会向别人道歉。

石头终于鼓起勇气，在汪海波的父母及汪海波都在家的时间里，自觉地去了汪海波家。他在向他们道歉后将足球换了回来。

我后来又给石头买了一个新足球，让这件事画上了一个圆满的句号。

这让我认识到，对于孩子的错误思想意识一定要严肃对待，一定要坚持正确教育，疾痛而医。这样，才能有利于孩子的成长。

十、到底谁影响了谁

孩子的好坏是相对的，如果真有好坏之分，那应该是大人。玩本身没有对错，但玩什么却有优劣之别，家长的引导一定要到点子上。

有时候，石头的妈妈从学校开家长会回来，免不了唠唠叨叨地说教石头，一遍又一遍嘱咐，千万不要跟学习不好的孩子一起玩，一定要跟学习好的孩子一起玩。

石头的妈妈为了帮助石头从左邻右舍中鉴别出谁是学习好的孩子，可以说是煞费苦心。她仔仔细细地把家属区内石头班上班外的孩子们打听了一溜十三遭。结果发现，我们家属区楼前楼后石头班上班外的男孩们，没有一个学习好的。个个男孩都是一说学习脑袋就大了，无精打采；一说玩就精神百倍，劲头十足。

她怕石头"近墨者黑"，所以，她甚至打着学校、老师的幌子，下了死令，不让石头与家属区内的小朋友们一起玩。

我心里明白，石头的妈妈这样的做法并不可取，不让石头放学跟家属区内的小朋友们一起玩，让石头跟谁去玩呀？除非石头整天在家里憋着。如果这样的话，石头没毛病也会憋出毛病来。

我心里有数，石头本身就是一个淘气得出名的孩子，与左邻右舍的孩子们比，是过之而无不及。我们不能乌鸦站在猪身上，只看到人家黑，看不到自己黑。

同时，我也进行了换位思考：楼前楼后邻居孩子们的家长也是同时去开了家长会的。如果每个家长都像石头的妈妈这样要求自己的孩子，那么，每个孩子放学之后回到家，不就等于进入一个孤独的世界吗？没有朋友的孩子，孤独中的孩子能有健康的身心吗？能快乐地成长吗？……

我后来才知道，我真的判断对了，楼前楼后邻居的每个孩子的家长无一例外地都把自己的孩子看成了"好孩子"，把别人家的孩子都对号入座地划分成"坏孩子"。每个家长那种良好的感觉又惊人的一致：自己的孩子学习不好的原因，都是别人的孩子——"坏孩子"影响的结果，都是"近墨者黑"的结果！

家长会后，几乎每个孩子都被自己的家长下了禁令：不许跟周边的"坏孩子"玩。但孩子毕竟是孩子，家长几声呵斥就想改变孩子们自己的选择，这显然是徒劳的。后楼，一个叫"小六子"的男孩由于违反了家长的禁令，偷偷地与"坏孩子"玩，多次遭受皮肉之苦。更有甚者，我们楼七单元有一个男孩让恨铁不成钢的家长用皮带抽得走路一拐一拐的。真是可怜天下父母心呀！

在我的意识里，学习不好的孩子、淘气的孩子不等于就是"坏孩子"。关键的关键是，孩子本身就是一张可擦可写的白纸，只要是孩子的世界观没有形成，每个孩子都是可塑的，孩子举止行为的变化趋势一切都还是未知数，那种"三岁看大，七岁看老"的民间传说，缺乏科学的依据。家长不应该给自己的孩子以及别人的孩子过早地下好坏的结论。

我经过跟踪调查发现，在校外，石头为了能与那些小朋友们一起玩，他对妈妈的禁令都打擦边球了。他找小朋友们玩够了，回来他妈妈一问，他会轻松说成是偶然碰到的，大家才在一起玩了一会儿。

显然，孩子们偶然碰到在一起玩一会儿，家长也没办法，家长之间都相互认识，又是低头不见抬头见的，家长对自己的孩子下的禁玩令，都是暗箱操作的事，所以，石头就钻了这个空子。

每当我听到石头的辩解后，都会避开石头的妈妈，给石头当面指出他的狡猾，石头也会承认错了。不过，他三天两头还是会照"犯"不误。

在这个问题上，我意识到了石头的无奈，我必须理解石头的选择，因为能与小朋友们一起玩，这是石头快乐生活的一个重要元素。

这里面就有一个悖论，如果石头承认是自己主动找小朋友们玩的，石头的妈妈就不会那么好说话了，就会教训他一顿，甚至教训完了一般还会跟着一定的惩戒；如果石头总是说是"碰到"的，妈妈那边倒是好过关一些，但实际上是助长了孩子的不诚实。

我为了让石头在玩这件事上面对妈妈说真话，不得不与石头的妈妈进行了艰苦的谈判……

平心而论，孩子们在一起玩，的确会互相影响，好的东西影响很慢，坏的东西影响却很快。关键在于利弊得失，孰轻孰重。

我与石头的妈妈研讨：家属区的男孩们一个比一个淘气，没有一个学习好的，一天就是琢磨着玩。如果不让石头跟这个孩子玩，也不允许石头跟那个孩子玩……让石头跟谁玩去呢？总不能让他到别的地方跟不认识的孩子玩吧，如果真的到别的地方去玩，你放心吗？对于孩子来说，孤单可能比跟不跟谁玩更可怕。

经过反复的思想工作，石头的妈妈终于认同了我的观点，我们还达成了共识：不应该规定石头跟谁玩不跟谁玩，而是要引导他玩什么、怎么玩。

所以，我们建议石头不要一出去玩就是几个小朋友聚在一起天南海北地侃，扯西说东的，最好大家在一起玩玩篮球，踢踢足球，人少的时候，就玩玩乒乓球，打打羽毛球，玩玩台球，踢踢毽子，一个人实在没处去时，到图书室里，看看画册也是一个不错的选择。

当然，仅给孩子好的建议，不给孩子实质性的支持是不行的，我不仅让石头通过自己好的表现可以玩篮球、足球、乒乓球、羽毛球、台球、毽子，而且他出去玩的时候，我也经常让他带上一些零花钱，以备应急之用。

后来的实践证明，石头并没有因为跟楼下的小朋友们一起玩而耽误了学习。他处理好了学与玩的关系，学习成绩有了明显的起色。这就成了左邻右舍孩子的家长们不解的一个谜，他们始终弄不明白，孩子之间到底谁影响了谁。

我的理解是，孩子的好坏是相对的，如果真有好坏之分，那应该是大人。玩本身没有对错，但怎么玩却有优劣之别，家长的引导一定要到点子上。

十一、水房"浇响曲"

家长要善于教导孩子学会原谅别人。孩子面对
生活有一颗宽容的心，这是孩子与他人友好相处的
一种能力，更是孩子的优秀品质。

那是刚刚要入冬的一天，天气已经提前转冷了，暖气刚刚进入试水阶段，但是还没有来。在这初冬的天气里，只有年轻人还穿着羊毛衫，岁数大一点的人都开始穿棉衣了。

这天午后，我在家休息，出来散步，习惯成自然地来到石头的学校。我进校门时，正赶上孩子们上第二节课，学校里那种人声鼎沸的场面已经趋于安静了。

我漫步进入石头教室所在的教学楼，从教室后面的窗户悄悄向里张望，却没有发现石头的身影，教室里那纷乱杂吵的状态像是自习课，没老师，有相当一部分的男同学还处于一种骚动的状态，没有归位……

这时，从石头教室右侧水房旁边的拐角处溜出来了石头的同学——小宇，我一看，呵，小宇的整个前胸和一只胳膊都是湿漉漉的，凉湿的衣襟拧得皱巴巴的。

小宇立即朝我打招呼："杨叔！"

"小宇，你怎么这样了，赶紧上我们家去，我给你处理处理，这天寒地

冻的，你这还受得了吗，你这不是找病吗？"

小宇怯怯地说："杨叔，石头还在水房里呢。"

我一听"水房"这两个字，心一惊，而且石头不进教室，还在水房里，立即感到这可能不是什么好事，赶紧奔过去。我的眼睛一进水房，心就立时凉了半截。石头像落水鸡似的，在水房的右角处忙乎呢。石头仿佛刚穿着衣服接受了一次冷水浴，整个身体四处向下淌着水，他正面对着水槽，在那里哆哆嗦嗦地左手拽着左衣袖斜下伸直，右手沿着伸直的左手臂用力把衣袖里的水往外撸呢，衣服里被撸出来的水顺着他的手指缝汇成了一股股的水流，流淌到地上。

这让我又恨又气，"我的小祖宗！你赶紧带着小宇跑回家换衣服去吧。"

面对石头狼狈的样子，我实在没有时间问这是怎么回事。我当时想到的就是，让他和小宇赶快摆脱目前的窘境。孩子跑一跑，既可以逼逼入侵身体的寒气，热乎热乎身体，又可以让孩子们少遭一点罪。

小宇和石头迟疑着都没动，我立即明白了两个孩子的心思——他们不敢随便离开。我马上催促他们："你们先跑回家去吧，有什么事我跟你们老师说。"

石头一听这话，立即像抓到一根救命草一样，扭头对小宇说："我们闪吧（快走的意思）。"

小宇还是有点迟疑，一副要走不走的样子。石头一边拽着他的手，一边说："没事，有我爸爸呢！"

小宇听石头这么一说，立即跟着石头朝楼下跑了。我看着石头狼狈逃跑时在走廊上留下的一串水汲汲的脚印，心里很难受。我也小跑着追着两个孩子，向家奔去……

进到家里，一切麻烦事情都好办。我让石头和小宇赶紧把各自穿的衣服都一丝不挂地脱掉，把两个人赶到卫生间里，打开浴霸，让他们两人一起简单地冲一冲热水澡，把寒气向外逼一逼。

我用两个孩子冲澡的空隙，把小宇的衣服快速洗干净，并用甩干桶甩干。他们冲完热水澡后，石头换了一身衣服，小宇暂时穿上石头的衣服。然后，由石头和小宇轮流用吹风机对小宇的衣服进行最后的吹干，因为小宇不愿意穿着石头的衣服走，他怕回家挨骂，我对此表示理解。

在他们两个人忙乎的空当，我为他们每个人熬了一大碗红糖姜水，让他们趁热喝下去。这样，可以把寒气对他们两个人的身体伤害减到最小。

一番忙碌后，小宇也换上了自己的衣服。我才问他们两个人之间到底出了什么事。

通过石头和小宇两个人的讲述，我大致了解了这件事情的来龙去脉。

原来，事情祸源于石头好动的性格。班级要进行大扫除，按着班级值日的排序，轮到石头的小组负责打扫卫生。石头这个小组长让女同学负责打扫教室，他领着组内的男同学负责冲洗厕所和水房。

冲洗厕所和水房的时候，由石头带头，一边搞卫生，一边相互用水管子冲水玩。

这里出现一个插曲，班里一个叫小华的同学，并没有参与到冲水玩的游戏里来，只是他不经意间经过水房门时，竟然让小宇用水管子把他的衣服冲湿了一块。孩子们纷纷笑小华被水冲着了的狼狈样子，特别是女同学也跟着一起乐。小华的自尊心受到了无端的侵犯，一下子就被激怒了，他以天不怕地怕的男子汉的样子，立即跑到班里，拎着一桶洗抹布的脏水出来找小宇算账。

就在这时，小宇冲水差一点冲着上厕所的王老师。王老师一声喊，小宇害怕了，扔下水管就跑到一拐角处躲起来，孩子们开始鸟散了。只苦了石头这个小组长，只剩下他捏着鼻子打扫战场。他拎着水管正归位，小华拎着一桶水以突然袭击的方式冲进水房来，从石头背后一扬桶，"哗"的一下把一桶脏水从石头的头上浇了下来，石头立即被浇了个上下透心凉。小华发现自己浇错人时，扔下桶就跑……

石头哪受过这样的委屈呀，他立即将小华丢下的水桶接满水，准备找小华算账去。他没来得及找小华算账，就发现我正在向教室里窥视，赶紧缩回到水房里，先把自己身上湿透的水向外挤挤……

我问石头："你回学校，对小华打算怎么办呀？"

石头恨恨地说："我绝饶不了他，一定找到他算账。"

"你为什么要找他算账呢？"

石头似有理地说："我没跟他闹，他凭啥用水浇我。他用水浇我就不行！"

听了石头的话，我心里挺来气的，只是当着小宇的面又不能不给石头留点儿面子，就说："你们要是不冲水玩，他能用水浇你吗？"

小宇忙为石头打圆场："杨叔，你不知道啊，那个小华一天到晚就知道逞能，学习也不行，我们班男同学可瞧不起他了，都不爱答理他。"

"每个人都有自己的个性，也应该保持自己的个性。小华的个性，你们不应该看不惯，更不应该瞧不起。同学之间应该多一分理解，多一分包容。你说是不？"

"是，杨叔。"

"石头，你好好想一想，小宇用水管子冲着小华了，小华为了不在同学面前丢面子，他拎着一桶水错把你当成小宇了，把你浇了一个透心凉。一会儿，你回去找小华算账，这是不是也算在同学面前逞能呀？"

"我不是。"

"就是在同学面前逞能。你是想让你的同学看，我石头也不是随便让人欺负的……"我的话还没说完，电话铃声打断了我的话。

电话是石头的班主任打过来的，她关心地询问石头和小宇受浇的情况，并特意说到小华这孩子。我听得出，让石头的班主任最放心不下的是，石头与小华之间再出点什么事来。小华惹的事太多了，她已经没有过多的精力来把控了，正在与教务处协商把小华调班……

与石头的班主任通完电话后，我的心里也多了一份沉重：小华这样一个孩子，因为学习以外的原因被调班，话好说，可不好听啊。

他将承受怎样的一个心理压力呢？小华这孩子早已面临着一个被动局面了。班主任一直联系不上他的家长，便屡屡让小华给家长捎信，也不见家长的动静！这不能不说是家长对孩子教育大撒手的一个悲哀……

我扪心自问，如果家长不协助老师教育好自己的孩子，事事依赖老师，老师的精力也很有限，不可能只对你家的孩子负责。当老师对孩子失去把控的耐心，决定放弃时，孩子的学习还有指望吗？……这让我加倍感到，自己肩上对石头的那一份责任重大。

当务之急，我必须让石头学会原谅，学会宽容，只有这样才能化解同学之间的那种磕磕碰碰的矛盾，才能营造出和谐友好的氛围。如果同学之间不会相互原谅，那么磕磕碰碰引出的恩恩怨怨是永远不能解的，每个人都会受到伤害，这是非常可怕的一种损人不能利己的自私。

我让石头好好一想，如果他成功地用一桶脏水把小华也浇了一个透心凉，他又能得到什么呢，是仇恨还是友谊？……

我让石头再站在小华的角度思考一下，如果他处在小华的位置上，用脏水浇错了人，他应该怎么办？难道他渴望的不是得到对方的原谅吗？……

石头认同我说的，但就是咽不下这一口怨气。

我对石头说："如果你想当一个男子汉，这口气你咽不下去也得咽。如果你就想当一个斤斤计较的小人，你说你想不通，我也支持你把小华浇一个透心凉。但是，现在不行，必须等暖气来了以后，那时候，你一桶水浇下去，既能把小华浇成一个冰棒，小华又能在学校的暖气片上把衣服烘干了，他好回家，这没问题吧。"

石头半天没有说话。

我看石头的思想一时难以转过弯来，便做了缓冲性的让步："你可以用水浇小华，但是，你在用水浇小华之前，必须回答好我一个问题，同学之间的关系到底该怎么处？同学对于你到底意味着什么？你必须给我说明白了，我给你两天时间来回答，如果过了两天，你还没有想明白，我们就每天探讨一次，直到你明白为止。"

我经过与石头多次的沟通，从给他讲"负荆请罪"的历史故事开始，现学现卖地给他讲了一些宽以待人的历史故事及发生在现实生活中的一个个真情相帮的新闻事件，启发他敞开宽容的胸怀，使石头终于理解了同学之间的磕磕碰碰最好的解决办法就是相互之间真诚的原谅，相互宽容，不斤斤计较鸡毛蒜皮的小事，这才是心怀大志的男子汉的心胸。

石头终于明白，同学在一起就是缘分，同学在一起就要多一点相互理解，有冲突时就应该相互间多一分谅解，学会谅解，大家才能在同一片蓝天下友好相处，自己才能被更多的同学所接受。

石头以后在学校里，不仅与自己同班的同学相处得很好，与其他班级同学相处得也很好。当别的班的同学与他们班的同学之间出现摩擦时，他"出面调停"就好使。我听到这个消息，非常高兴，石头学会了宽容，终于使他受益了，这就是宽容潜移默化的力量。

石头与同学之间的冲水事件，给我一个非常深刻的感受，这使我清醒地意识到，在孩子成长的过程中，必须教育孩子学会原谅别人，释然自己。这也是孩子在生活中要修好的一门必修课。孩子面对生活有一颗宽容的心，这是孩子与他人友好相处的一种能力，更是一种优秀的品质。

第 3 篇

我与孩子之间的故事

家长要善于与孩子进行深层次的心灵交流，这样才能更好地理解孩子，才能及时地引导孩子，与孩子之间进行无障碍的互动。家长才能对孩子的教育做到有的放矢，帮助孩子及时解决生活中遇到的问题，促使孩子不断地进步。

一、石头帮推"倒骑驴"

> 在很多情况下，孩子比大人高尚，虽然在他们眼里对"高尚"并没有明确的概念。我们大人要虚心向孩子学习，和孩子一起变得更高尚。

我对石头细微的进步、细微的良好的变化及时进行鼓励，其鼓励收获的效果远远大于我的初衷。鼓励的效果是长久的，更是长远的，是可以伴随着孩子一起成长的。

一天，我下班徒步回家，从很远的地方看见我家后楼卖咸菜的王老太太推着装满咸菜的"倒骑驴"（辽宁省很多地区的一种三轮车，车斗在前，车座在后，前面两轮、后面一轮驱动）在上回家的上坡路。她推车的身体几乎与"倒骑驴"支撑成了一个斜直角三角形，她艰难地推着"倒骑驴"。由于王老太太平时卖咸菜比较吝啬，在楼角处纳凉的很多人看着王老太太推车上坡，跟看表演一样，任由王老太太喘着粗气，憋红了脸推着她的"倒骑驴"。

突然，我的眼前一亮，石头不知道从什么地方钻了出来。他跑到王老太太的左侧，使劲地帮助王老太太推车，石头的身体同时挡住了人们观看的视线，避免了王老太太的尴尬。

有了石头的帮忙，王老太太很快将"倒骑驴"推上了坡，转眼间，他们就拐进了家属区……

一会儿，石头才跑回来。我看着满脸浸出热汗的石头，既为石头的这种助人为乐的行为感到高兴，也对自己的麻木感到自责。

我对石头的这种发自内心的同情、爱心和及时的出手相助，进行了鼓励和表扬。

我真诚地告诉石头，他的积极行为也为我上了一课，帮助别人做事情不在于事情有多大，而在于我们要有爱心，在这一点上，我也应该向他学习……

石头受到我的表扬和鼓励，一脸的兴奋。他试探着问我："爸爸，那你奖励我点儿什么呢？"

"爸爸跟你上商店，你需要什么，爸爸就奖励你什么。"

我们回到家里，我又把这事跟石头的妈妈说了一遍。她听了以后，也以极大的热情对石头鼓励和表扬了一通。

我们一起对石头鼓励和表扬，石头洋溢出一种激动的亢奋，一种快乐的幸福感写在他那阳光的脸上……

二、楼道的窗户怎么办呀

　　学校和家庭经常教育孩子"大公无私"，可是我们许多大人的行为往往是先私后公或者有私无公，但是有时候孩子做得却比大人好，学习孩子吧！

　　这一天是星期六，我和石头的妈妈正在家属区边缘地带参加清除杂草的义务劳动。突然，雨前的凉风急速刮起来，越刮越疯狂，这无疑昭示着狂风暴雨将要来临。我想到家里的窗户还全敞着呢，于是赶紧顶着风，以百米短跑的速度往家里跑……

　　我跑进单元的楼道里，刚上到二楼的拐角处，一抬头，看见石头正用力顶着大风关楼道的窗户。

　　狂风劲力顶推着窗户，使石头很难顺利地关上窗户，他显得非常吃力，也非常用力。

　　我对石头喊道："石头，你先别关楼道的窗户了，赶紧回家关我们家的窗户吧！"

　　"那楼道的窗户怎么办呀？"石头一分心，窗借风势把石头向后推了一个趔趄。

　　"爸爸负责给你关这扇窗户，你赶紧回家就行了！"

　　"爸爸，那楼上楼下的窗户，你关过了吗？"

石头的话让我的心一动："没问题，你快回去吧。爸爸一会儿就能把楼上楼下的窗户关好的。"

石头听到了我的许诺，才让手离开窗户，匆匆地跑上楼去了。

暴风雨来临之际，我并没有想到要关单元楼道的窗户，满脑子想的都是关自己家的窗户。是石头的善良和爱心，促使我把单元楼道的每一层楼的窗户都关好了。

事后，我对石头给予极大的鼓励。同样，我也把这件事用赞美的语言、激情的描述，告诉了石头的妈妈，石头的妈妈也同样对石头的行为进行了温馨地表扬。

石头的妈妈一边亲吻着石头的脸，一边对石头说："你真是妈妈的宝贝儿子，为了奖励你，妈妈今天无论如何也得给儿子做一顿好吃的……"

吃饭的时候，我善意地对石头说："我今天沾儿子的光，也吃点好吃的了。"

石头听了我的话，颇有一种成就感。他一脸自豪地说："爸爸，你吃好的，还喝点酒吗？我给你打酒去。"

"喝，喝，当然要喝了……"

石头揣着快乐，拎着兜子，到楼下去为我打酒了。望着他的背影，我的心里非常激动，一下子意识到，孩子点点滴滴的进步，都需要家长悉心地给予关注，给予鼓励。这可以激励孩子，引导孩子进步。

家长对孩子任何细微的鼓励，都会潜移默化地影响到孩子正在成长的心灵。

我们单元一楼的孙老头对我说："我得谢谢你们家石头。我在外边铁丝上晾的衣服让风刮跑了，是石头这孩子给我找回来的。他掸干净衣服上的土，给我送到屋里……"

事不在于大小，孩子用真情表达了自己的爱心，这就需要家长用鼓励来滋润孩子那份真情，这可以让孩子心中的那份美好成长为一棵大树。

三、鱼缸事件

孩子经常会以孩子的能力办大人的事情，又往往容易把事情办糟。家长不仅要宽容孩子的过失，更要帮助孩子学会处理事情，即使有一些损失也值得。

为了调节家里干燥空气的湿度，同时也是为了美观，我特意买来一个大玻璃鱼缸，养了八条金龙鱼。

那八条金龙鱼是我精心挑选回来的双尾的大尾金龙鱼，是观赏性很强的精品鱼。

大玻璃鱼缸里的八条美丽的金龙鱼让石头充满了好奇心和快乐。他经常趁我不注意，就把自己的小手伸到水里去，用他那胖乎乎的小手去抓金龙鱼。

我告诫石头，金龙鱼是不能用手抓的，这会把金龙鱼抓死的。

石头申辩说："爸爸，我就是想摸摸金龙鱼。金龙鱼在水里游得那么好看，真是太好玩了。"两天后，当我想喂鱼时，才发现鱼缸里只剩六条金龙鱼了。我判断问题应该出在石头身上。我忙把石头叫过来，问这是怎么回事。

　　石头自知闯祸了，他避开我的视线，低着头嘟囔着说："我把那两条金龙鱼捉到碗里，想让它们吃饭，谁知道它们到了碗里，不仅不吃饭，还乱蹦乱跳的。它们跳到地上，大嘴一开一合的，还在地上翻来覆去地翻跟头。我想再把它们抓起来，非常的费劲……"

　　我问："后来呢？"

　　石头心虚地说："后来，我把它们抓到鱼缸里，它们就死了。我怕你知道了，就把它们又捞了出来，没处藏，就把它们藏在鞋盒里了。"

　　石头的妈妈在一旁生气地说："你这孩子，太无知了。你自己说，你今天做的这件事情应该怎么办吧！该不该打……"

　　石头一声不吭。

　　我想，石头是以他的善意想法来关照金龙鱼的，好心办成了坏事。这也不能全怪孩子，我自己也有责任。

　　我率先打破了这种沉闷的局面，说："算了，算了。反正金龙鱼已经死了。石头也知道错了，金龙鱼是不能拿出来喂饭的。金龙鱼不死，也许石头还不知道这件事呢，是不是，石头？"

　　石头赶紧应声道："嗯！我再也不给金龙鱼喂饭了。"

　　当金龙鱼死亡的风波平息下来后，我把石头招呼过来，郑重地把用鱼食喂金龙鱼的任务交给了他。他听说让他喂金龙鱼，非常感动，也十分开心。他高兴地跟在我的屁股后面问这问那……

　　我把从书上得来的关于"如何喂养金龙鱼"的知识，经过我的大脑过滤，以石头能听懂的方式讲给他听。石头不仅听得十分认真，而且问得非常细，干鱼食一次投放多少粒，多放了几粒，金龙鱼会怎样，会不会撑坏了金龙鱼？干鱼食少放了几粒，金龙鱼会不会饿？……

　　石头的追问反倒使我第一次感到了知识的匮乏，也第一次感到石头求知的强烈，这也促使我更深入地学习，以满足他对知识的探求。

有些事就是这样，越怕房子漏，越逢风雨天。这一天，石头看到毒热的阳光把鱼缸照得金光四射。由于石头自己热得难受，他马上联想到了金龙鱼在水里被阳光晒着，也一定热得难受。他想让那些美丽的鱼儿也凉快凉快。他特意跑到楼下，叫来两个小朋友帮忙，帮他把鱼缸抬到阴凉处。他们三个人抬的时候，其中位于左边的张磊一下子没有抬住，鱼缸一斜，顺势一滑，摔到了地上，顷刻间鱼缸就碎裂了……

我是突然接到一个朋友——张磊爸爸的电话，知道家里的鱼缸摔碎了，便匆匆赶回来。这时，家里一片狼藉，只剩两条金龙鱼在洗脸盆里活着。

当我从石头的眼睛里看出他的惊恐时，我竟然不是气愤，而是一下子想到了母亲的大黑牡丹花。

我记得，当母亲的一个学生升迁到省城为官之际，他把自己最心爱的一盆极品黑牡丹送给了母亲。黑色的牡丹是牡丹中的精品，而那盆鲜艳的油亮墨黑的大牡丹又是黑色牡丹中的精品。在家的敞亮处摆放上那盆花，花的盛开和盎然，立即让家里蓬荜生辉，一种纯净的美让家里充满温馨。

母亲严厉告诫我和哥哥谁也不许动那盆花，碰也不许碰。

一天，我的一些同学来家里玩。他们被那盆花的美丽所吸引，趁着我为他们爬上院子里的枣树上摘枣的机会，一人折了一朵花，悄悄地离开了。

一盆盛开的花被折得七零八落，断枝、碎叶，伤残得不像样。面对这个凄凉的残局，我感到天塌下来一样，自己已经无法再承受了，欲哭无声，欲逃无门，只能呆呆地傻看着……

我终于看见母亲推开了院子的大门。母亲带着微笑一步一步慢慢地向屋里走来。随着母亲的走近，我越发不知所措，站也不是，坐也不是，躲也不是，我真的想地面立即裂开一条缝，让自己钻进去。

母亲的手开始掀门帘了，我害怕得连连后退，已经退到了墙根，无路可退。

当母亲的目光落到残花、断枝上时，母亲收起了微笑，愤怒的神情只是一闪而过。随即，母亲保持着出人意料的平静问："花怎么成了这个样子？"

母亲平静的目光透彻着一种慑人精神的威严。

面对母亲，我努力平静自己，紧张地回答道："我们班的同学来玩了，他们看着花好，偷着折了几朵跑了。"

母亲久久没有说一句话。经过一段难忍的寂静，母亲无奈地长叹了一口气，轻轻地说："你们这些孩子真是不懂事，花折断了还能活吗？谁喜欢，我为他折一朵不就完了吗？"

母亲的话是那么的轻，在我的心中却是那么的重。

母亲转过脸来面对着我，温和地转移了话题，"你的作业做了吗？"

"没做呢。"

"行了，这里由我来拾掇吧，你去做作业。"

母亲的那种博大的胸怀，让我读懂了母爱是什么，也让我理解了什么是胸怀。胸怀是一种涵养，是一种宽容，是一种品质传递……

石头似乎在重复着我过去的故事。他的神态、表情，都在表露着他的那份幼稚的爱心正受到严厉的挑战。

我知道，在孩子成长的过程中，家长的每一个动作，甚至每一个眼神，都可能影响到孩子的成长。现在，把胸怀传递给石头，这也许比任何说教都更有意义。

我平和地对石头说："石头，今天你把鱼缸摔碎了，知道问题出在哪里了吗？"

我平静的语态，立即缓解了石头的情绪，他说："不知道。"

"你的问题就出在你缺乏细致的观察。由于你的观察不够，才导致了你的判断的失误，所以，鱼缸被摔碎了。今后，你做什么事都必须学会细致的观察，才能避免今天这样的事出现。"

石头不解地问："爸爸，你说，我怎么缺乏细致的观察呢？"

"首先，你没有认真观察一下，就叫来两个小朋友，他们有没有力量做好这件事？你也没有想一想你自己的力量如何。我知道，依你们的力量仅仅能挪动鱼缸，你们三个人不论以什么样方式配合都不能搬起鱼缸来，只能挪动一下鱼缸。挪动时，有一点儿配合不好，鱼缸只要离开了窗台就得出事，你说是这样吧？……"

石头心悦诚服地点点了头。我继续说："儿子，如果你真的能把鱼缸好好地挪到地上，我真的应该好好谢谢你，可是，你的好心已经办了坏事。你的想法再好，你的行动再对，我也不能感谢你了。你再想想，如果你请来的是两个大人，还会出现鱼缸摔碎这件事吗？肯定不会的。你敢说这不是你没能细致观察出的问题吗？"

"是。"

"那就好，现在，我给你机会，需要你好好想一想，这地上的水应该怎么处理呢？"

石头一脸疑惑地说："我一直想用扫帚把水扫到簸箕里，再倒进卫生间的坐便器里，可是我们家的簸箕坏了，没法呀？"

解铃还须系铃人，我是铁了心让石头收拾残局了。

"你到卫生间里拿一块干抹布来，再把水盆拿来。"

石头听完我的话，立即拿来一块干抹布和水盆："爸爸，给你。"

"你放下吧，这次再好好细心观察，好好一想，看看你拿来的东西，这次，你应该知道怎么处理地上的水了吧？"

我的话立即引起石头极浓厚的兴趣，看他那动作和神态，仿佛鱼缸是别人摔碎的，他是在帮别人收拾残局一样，在积极地出谋划策……

他想了一会儿，然后，蹲下身子把干抹布往地上的积水处一放，没等他擦，干抹布立即被水浸透了。他把抹布一拎起，水滴就顺着抹布底端流进水盆里。他仿佛明白怎样吸干地上的水了。他非常亢奋，用劲一拧抹布，浸入抹布里的水一下子挤落进水盆里。他开始卖力地重复着用抹布吸水，再将水拧到水盆里的动作……

"爸爸，我知道怎样把地上的水全都吸起来了。我吸地上的水，你帮我把地上那么多弄湿的东西挪一挪行吗？"

"行！没问题。"

石头非常认真地把地上每一滴水都转移到水盆里，细心地把地面用抹布擦干净。

这让我意识到，要培养孩子，就要善于向孩子传递豁达的胸怀，这比任何的说教都有实际意义。

四、我给爸爸画一只鸽子吧

家长要善于对孩子擅长的领域、兴趣、爱好做正确的引导和培养，为孩子打开一扇激情的天窗。激情更容易引领孩子成功。

这一天是周六，我出差回来。当我走进自己家的单元楼时，看见一群孩子正聚在楼道那里热热闹闹地玩扑克。石头则垫着一张纸高坐在楼梯台阶上，一边看小朋友玩扑克，一边拿着一块红色的碎砖头在墙上画着什么。

"石头，你在墙上乱画什么呀？"

我的话不仅惊动了石头，也惊动了正在玩的其他孩子，他们赶忙站起身子为我让路。石头扔掉手中的碎砖头，跑下台阶来帮我拎兜子。

"石头，你怎么在墙上乱画呢？楼道的墙上是你画画的地方吗？"

石头赶紧说："爸爸，我知道错了，下次，我再也不在楼道的墙上乱画了。"

既然石头已经认错了，我也就没深究，转移了话题，"你刚才跟李义宾说什么呢？"

"我在告诉李义宾怎样画人呢！"

我真没想到，石头还会画人，居然还要教李义宾。石头的话引起了我极浓厚的兴趣："你给爸爸也讲讲。"

"好吧，到家里，我一边画画，一边告诉你。"

在家里，石头拿出一张白纸和一支红蓝铅笔。他拿着铅笔一边在纸上画，一边说："十字不出头，两边挂石球，三天没吃饭，饿成一个大鸭蛋，买了三根韭菜，三毛（角）三。"

石头说完，随即就画出一个小孩的大头。

我一看，感到很有意思，"十字不出头"，画出的是眉毛和鼻子；"两边挂石球"，画出的是两只眼睛；"三天没吃饭"，画出的是人的嘴；"饿成一个大鸭蛋"，画出的是一个人的轮廓；"买了三根韭菜"，画出的是人的三根头发，就像漫画里的三毛的头发一样；"三毛（角）三"，每个三画的是一只耳朵，"三毛（角）三"，就是两只对称的耳朵。

"你还能再给爸爸画一个别的吗？"

"我给爸爸画一只鸽子吧。"

"好啊，你画吧。"

石头还是一边说，一边画："今天我考试，算数得了0分，语文得了2分，我妈妈一生气，打我三巴掌，打弯了我胳膊，跪弯了我的腿……"

石头说完顺口溜，就在纸上同步画出一只写意的鸽子。

我忽然意识到，作为一个家长，有责任培养好孩子的兴趣，通过对孩子兴趣的正确引导和培养，为孩子打开一扇激情的天窗。为孩子多开一扇天窗，孩子就会在未来的生活中多一分为社会创造价值的机会。

我没有想到，石头竟然有如此丰富的联想创意。这正是孩子学习的动力所在，也是孩子的兴趣所在。我想，如果石头真的对画画有兴趣，我有责任，也有义务让石头在这方面接受良好的教育，通过学习，为他打开这扇感受世界的心灵天窗，让温馨的阳光进到他的心中。

从教育石头的层次上讲，我更有责任帮助石头杜绝在墙上乱写乱画的坏习惯。我从单元的楼上到楼下，层层过筛，对楼道墙上的每一个涂鸦进行了一番仔细地勘察。这时，我才猛然发现，楼道的墙上写满了乱七八糟的字，也画满了乱七八糟的画，正是这些随便的乱写乱画，把整个楼道的墙壁整得乌七八糟。

当然，错误不因小而不除之，美好不因小而不为之。当石头放学回到家里的时候，我就把在楼道里发现的事与他进行了深刻的谈话……

石头明白了，错误再小也要改正。虽然时间已久，已经分不清哪些是他在楼道墙上乱写乱画的，哪些是别的小朋友乱写乱画的，但是，他有责任把这些乱写乱画的全部清除掉……

我最后决定，让石头与我一起清理整个楼道墙上乌七八糟的涂鸦。

我们消除楼道墙上乌七八糟的涂鸦使用的工具就是刷盆刷碗用的钢丝球，用这样的工具清除效果非常好，一擦，就可以把上边的一层涂鸦擦掉，露出白底来。可以用辛苦、尘灰飞扬形容这一次别有"意义"的义务劳动。

消除整个单元楼道墙上的涂鸦，主要以石头清理为主，我主要是跟在后面善后及做必要的指挥和指导，对石头清理不完善的地方进行第二次清理。

我想，石头经过这样一次辛苦的、尘灰飞扬的劳动，一定会在心中留下终身难以磨灭的印象，这更有利于他的教育成长。所以，我从始至终以石头清理为主，在他疲惫的时候，鼓励他坚持一会儿，再坚持一会儿，直到把所有楼层的涂鸦全部清理完毕。

随后，我花费一周的时间认定，石头对画画有着发自内心的浓厚兴趣。我决定送石头去学画画，为他开启这一扇天窗。我相信，他一定会有激情努力学习的，也一定会受益的。

孩子要学画画，为孩子找一个什么样的老师来教，其难易程度主要取决于家长的心态定位。家长心态定位低，家长的付出既少，让孩子实现求师的愿望也容易。家长的心态定位越高，家长的付出越多，让孩子实现拜师的愿望难度也就越大，因为良师是凤毛麟角的。另外，良师也不随随便便收弟子。家长要心诚，孩子更要心诚。老师还要考察孩子是不是这块料，多种因素的综合，才能最终奠定老师收孩子的决心……

正是由于我让石头学习画画的心态定位高，所以，在石头学习画画的这个问题上，我付出的辛苦是别人的十倍，甚至百倍。

石头所在学校里外聘了一个鲁迅美术学院毕业的、有丰富教学经验的李老师，在学校开办了"课后美术班"，对外宣传得非常有诱惑力，很多孩子都参加了这个美术班的学习。外校的一些孩子也慕名而来参加这个美术班的学习。加之学费也不算太高，报名参加学习的可以用"趋之若鹜"来形容。

正是基于上述原因，我同意石头先跟着李老师学习一个月看看。

可能是近水楼台先得月吧，石头很顺利地就进入了"课后美术班"。

石头独立参加3次美术班学习后，第4次，我正好有时间，又赶上是休息日，便特意跟着石头来到学校。来学画的孩子真不少，有60个孩子，坐满了一个大教室。不同年龄段的孩子挤在一起。

在家长纷纷退去后，我没走，偷偷地在教室的窗户外暗角处，依着墙"偷艺"。我看了一个上午教室内的学习情况，终于看明白了李老师的教学方法。他在黑板上挂上事先画的画，有简单的石头和兰花的画。共分三种：第一种是简笔画——一块简单石头和一枝兰花；第二种是墨笔画——一块浓墨勾勒的石头和一枝兰花；第三种是水彩画——一块色彩勾勒的石头和一枝兰花。他先让孩子们静一静，然后简单地强调一下，今天上课要画的东西是什么，然后让孩子们照葫芦画瓢地画，他来回巡视。

他一边说服着吵吵闹闹的孩子要尽量保持安静，一边给让他看画得像不像的孩子进行点评和指导。没有孩子问问题，孩子就自己画，八仙过海各显其能。李老师闲来无事看一本厚厚的小说，只要孩子们不打起来，孩子玩、闹的都不影响到他入定地看书。

接石头回家时，我问石头前两天学习的是什么，石头说也是今天画板上挂的这些，让他们新来的不会画的画简笔画，好一点儿的画墨笔画，学的时间长一点儿的画水彩画……

听完石头的话，我特意打听到李老师的家，专程拜访李老师。通过交谈，我立即停止了石头在学校画画的学习。

我随后采用先探讨、后试听的方式，听了一个又一个美术老师的授课，总是让我感到不如意。

终于在两个月后，市美术馆的专业画家——徐老师开班，限名额招收20

个同年龄的孩子学画画。我几经努力，把石头投在他的名下学习画画，画画从素描开始学起……石头学习画画的时间是每周学四次，除星期天一个上午学画画外，其余的时间都在晚上。由于交通不便，我送一次孩子要骑40多分钟的自行车，来回就要在路上耗费掉80多分钟的时间。特别是在冬天，孩子在屋里学习的时候，我就在寒冷的走廊、楼道口等着，赶上刮风下雪，更是遭罪……

一年后，石头参加市两年一度的青少年现场作画比赛，在规定的时间内，石头完成作画后，许多评委把自己手中的"小红花"贴在他画的《雪梅》画上，使他现场画的《雪梅》荣获本次作画比赛的优秀奖。

我的付出在石头的身上看到了回报。这让我意识到，为孩子开启一扇心灵的天窗，不要仅仅是为了赶时髦，而是要让孩子真正有所得。

五、爸爸输得不敢玩了

家长要善于捕捉孩子的快乐点，用趣味性调动孩子的学习热情，让孩子在玩中拾贝，引导孩子自主地提升自己的知识运用能力。

我发现，石头不知道从什么时候起，对玩扑克充满了浓厚的兴趣。他身上揣着扑克牌，不玩足球的时候，就与小朋友聚在一起快快乐乐地玩扑克，玩扑克成了他玩足球以外的最大嗜好。这也构成了他生活中的极重要的情趣。

由于石头是脖颈上挂钥匙，所以，他经常一放学，不玩足球时，就把几个要好的小朋友引到家里来，书包一丢，就聚在客厅里玩上一阵扑克。打百分、升级、吹牛、拱猪、五十K……凡是扑克牌能玩的玩法，他们几乎都玩到了。

石头对玩扑克情有独钟，实在没人与自己玩扑克的时候，就独自摆扑克玩，摆十二月、空档接龙、叠罗汉、四色牌归位……他玩起扑克来有一种"乐不思蜀"的感觉。

我逐渐发现石头玩扑克玩得太入迷了、陷入也太深了，便生气地对石头说："你的数学那么差，你有时间做做数学不行吗？怎么一天就知道玩扑克呢？……"

石头很会看我的眼色行事。他看到我真的生气了，对于我的话多半是不敢直接与我顶嘴的，内心即使不想听，表面上也得竖着耳朵听。每当这时，他都会抑制玩扑克的欲望，实在憋不住了，也会暂时转移一下玩扑克的场地。

现在，石头看到我把他玩扑克的事与他的数学联系在一起了，感到了问题的严重性，因为我从来都是以事论事的，这次，我把玩扑克与数学联系在一起了，他自然知道其分量了。

但石头又不想放弃玩扑克，开始"应对"我。具体应对办法是转移玩的阵地，在外边玩，玩够了，不得不回家的时候才回家。他需要在学校完成的作业，也不在学校做，而是并成家庭作业一起带回家。

正当我为怎样调动石头的学习积极性发愁时，在电视台播放的地方新闻中看到，孩子们用一种算二十四的纸牌进行智力比赛。听人说，这种类似扑克牌的算二十四的纸牌对提高孩子的综合运算能力有很大帮助。

我想，既然石头喜欢玩扑克，我也给石头买一副专门算二十四的纸牌，用这样的纸牌代替他玩的扑克牌。让石头在玩中拾贝，不是也可以提高他的运算能力吗？

我立即付诸行动，经多方努力、通过多种渠道寻觅这种算二十四的纸牌，费了许多劲都没买到，于是我打算用扑克牌代替。我决定在适宜的时机，把石头诱入与我玩"数字"扑克的"瓮"。当然这种请君入瓮也不是好请的，因为我知道算二十四和扑克游戏毕竟不是一回事，游戏有娱乐性，算二十四得费脑筋。于是，我分作五步实施我的计划。

第一步，适当限制石头找小朋友们玩，这样他在家就有无聊发闷的时候，我就乘机和他玩算二十四，虽然他开始没有太高的热情，但毕竟比什么都没得玩要好一些，所以也就开始"入瓮"。

第二步，控制好我与石头玩"数字"扑克时的输赢节奏。这是控制他情绪、提高他兴趣的一个关键所在。

第三步，引入奖励机制，他赢了我，我给予他适当的奖励，这可以激发他玩的兴趣和成就感。

第四步，根据石头运算能力的提升程度，合理定义不同段的"数字"扑克运算的内容及运算方式，促使他在能力不断增强的过程中，及时不断地自我刷新运算能力。

第五步，最大限度地控制好玩"数字"扑克的时间节奏，也就是在玩"数字"扑克时，引入"定时间"的概念。所谓定时间，就是每次由我用技巧来掌控和石头玩"数字"扑克的时间长短。我根据石头的情绪和具体的情况来大概确定出最多我能让他玩多长时间。但是，这是一个不能让石头知道的小秘密。不论我准备跟石头玩多长时间的"数字"扑克，告诉他的都是一个不变数的时间概念：我们玩一局"数字"扑克。

我会根据我准备同石头玩多长时间的"数字"扑克来确定玩"数字"扑

克的运算方式、每次每人出牌的张数。这样，基本就确保了每次我与石头玩"数字"扑克不论时间长短，都能形成一个结果：要么他输了，要么他赢了。这样可以有效地保证石头与我玩完"数字"扑克，不用再惦着玩了，使他明白玩就是玩，学习就是学习，学与玩有一个明确的分界线。

如果我想与石头只玩一会儿"数字"扑克，就规定玩扑克的时候，对于双方都无法完成运算的牌退出运算后，将这些牌翻过去，不再保留这些牌参与任何运算的机会。我们每人每次出的牌不论谁赢、谁输，出过的牌也必须退出比赛。

如果我想同石头玩得时间长一点儿，就规定，赢的牌都可以插入自己手中的牌里，使之重新进入比赛的循环，直到把对方手中的牌全部赢光为止。

另外，也可以通过适当增加每次出牌的张数，从而提高运算的难度，以此实现对时间的有效控制。

还可以增加牌的数量，用一副半或两副完整的"数字"扑克，以此来实现对时间的精确控制。

我对数字运算的能力是超过石头的。有时候，为了有效地控制时间，我会故意算不出来，让石头算出来。有时候，我看见石头没算出来，还有意识地提示他。提示的方式就是，用"数字"扑克上的数字组成一个不完整的算式后，假装卡住了，算不下去。石头的思维很是敏捷，他一般都能很快地接下去，抢着完成这一运算，从而赢得他的一次胜利。

我与石头玩"数字"扑克，主旋律就是让他赢。遵循着一个让石头从"少输一点儿到少赢一点儿，从赢了大部分到赢了全部"的原则进行。运算的难度也是由易到难，意在引导石头不断强化自己的加、减、乘、除的四则混合运算能力。当石头的运算能力提高了一个层次，稳定一段时间后，我就再将运算提高一个难度。

我每一次与石头玩"数字"扑克时，都不忘对石头的胜利给予奖励（除非他输了），以提高他的兴趣。

我与石头通过相当长一段时间的"数字"扑克大战，以石头全部胜利，赢得我这个"爸爸输得不敢玩了"而告终。

石头心情快乐了，因为他赢了。因为石头的运算能力已经表现得出类拔萃了，远远超过我所设想达到的学习目标，我也放飞了心情。

六、我一定会慢慢赶上他们的

孩子只有从自己的内心树立起学习的信念，才能激活他的学习潜力，学习才能学出效果来。

"逆水行舟，不进则退"，这给我上了深刻的一课。石头太贪玩了，他的玩心过重，这懈怠了他的学习激情，使他对知识的学习缺乏深层次的理解，学习不到位，形成了学习上的走马观花。石头很缺乏解题时的认真思考，做作业时不求细节，马马虎虎，做完就算了。今天差一点儿，明天差一点儿，日积月累，学习上的负债使石头的学习成绩跌入低谷。

面对石头的学习现况，我进行了深刻的反思，在工作和孩子之间，既要"得陇"，也要"望蜀"才行。但是，我又不能在学习上为石头"越俎代庖"。我不得不承认，我们唯一能改变的是，自己对石头的教育态度和石头的学习状态。

石头要改变自己的学习状态，既需要我们给予他指导，还需要石头自己有信心，只有相信自己能行，才能通过努力，实现学习上的飞跃。

我通过耐心地与石头交谈、引导，他的思想开始有了转变。石头在学习上"打狼"（指学习成绩不好，排在后面），自己也开始觉得很没面子了。石头也想赶上来，但是，他的信心不足。

石头怀有一种怯弱的心理，根本不敢理直气壮地说自己在学习上如何如何。在他的主观意识里，他学习，别人也在学习；他努力，别人可能比他更努力，谁也没呆着，谁也没闲着。这就像运动场上比赛跑一样，大家都在跑，你已经被别人拉下很远了，你再怎么努力，也是很难追上的。处于学习落后状态的他，怎么能赶上来呢？学习可不是吹牛皮，自己不行就是不行，得认！……

我承认，学习真的就像在运动场上赛跑一样，大家都在跑。如果是跑60米短跑，在途中，被人拉下5米，就可能宣告失败了；如果是跑1000米长跑，被人拉下10米或者20米，也不能说胜负已定了，还有得胜的机会；如果是跑马拉松比赛，被人拉下1000米，也不算最后的失败，也有最后翻盘的机会……我耐心地鼓励石头，学习上的落后，虽然说不是一朝一夕就能赶上来的，但是，学习是一个长期的事情，就是一场比耐力、比信心、比坚持的马拉松比赛，只要他相信自己，肯努力，肯付出，一天进步一点点，用不了多久，就一定会有意想不到的收获，就一定会改变学习上"打狼"的状态。

我千方百计地让石头理解，他要想改变学习落后的状态，最重要的是树立起自己的学习信心，只要他坚定信心，保持学习的激情，在学习中遇到问题善于向别人请教，一定能够赶上来。

我对石头说："儿子，你必须记住一点，当大家的条件都一样时，事情的结果就取决于人的决心和信念及不畏困难的付出。在学习的问题上，你若是一只威震山林的猛虎，高山峻岭就会任你纵横；你若是一只兔子，就会唯唯诺诺、一有风吹草动就逃命……"

石头一脸无奈地说："爸爸，我是想成为一只猛虎。问题是，你说我是一只猛虎，我就是一只猛虎了啊！如果都这样的话，我们班的每个学生都是一只猛虎，就没你说的兔子了。每个家长都希望自己的孩子是一只猛虎，没有一个家长希望自己的孩子是一只兔子……"

"儿子，你应该有自信心。我就不信，你每一天追上别人一点点有多大的困难，即使是手指肚大的那一丁点儿也行。难道你连这点信心都没有吗？"

"那行，我每天在学习上追上别人手指肚大的那一丁点儿，不过，这有意义吗？"

我说："只要你有自信心，这就有意义，而且意义重大。如果你没有自信心，那就一点儿意义也没有。"

"爸爸，我向你保证，我有信心在每天的学习中追上别人手指肚大的那一丁点儿。你说什么是重大意义吧。"

"意义就是，你坚持这样做了，就能体会到学习的喜悦，将来在你学习的过程中的某一时刻，收获的成功就会像火山一样爆发。"

石头笑了，那种怀疑的表情还是写在了他的脸上。

我为了坚定石头的自信，激发他的学习激情，还想让他知道什么是意料之外。

我拿一块垫花盆用的剩地板砖对石头说："这块地板砖厚10厘米，假定这块地板砖可以无限的大，我就是孙悟空，我可以随意地折这块地板砖……"我迅速又拿了一块同样厚的地板砖放在这块地板砖上说："这是折完一次的两层地板砖，现在地板砖是不是20厘米厚啦？"

"是。"

"如果我再对折一次。儿子，你想想，这时，地板砖的厚度是不是40厘米厚了？"

石头回答："对。"

"我问你，我反复折叠这个地板砖多少次，我们站在这块地板砖上就能与月亮一般高。"

"谁知道月亮到底有多高啊？"

"月亮高约38万多公里，就按38万公里计算，你可以让你妈妈用计算器帮你算。"

"行。"

"儿子，没算之前，爸爸问你，我真像孙悟空一样，把这块地板砖折叠了36次，然后，我翻了下跟头，一下子翻到这块折叠完的地板砖上，这时，我会不会比月亮高呢？"

石头脱口就说："比月亮矮！爸爸，你就是再折1000次、1万次，你站在地板砖上肯定也比月亮矮，我再笨也知道。"

"为什么你这么肯定呢？"

"不信你就算算！肯定是，我敢跟你打赌。"石头仿佛一下子揭穿了我的把戏。

我对他说："你就凭感觉来下断言是不行的，有的时候太相信感觉，是要坏事的。你找你妈妈用计算器算去吧！妈妈一定会告诉你，爸爸比月亮高的。"

石头立即显示出浓厚的兴趣，找他妈妈用计算器算去了。

石头从他妈妈那里终于算明白了，不管他是吃惊，还是不敢相信，我站在折叠完的地板砖上真比月亮高。

石头终于服了，我乘机对他说："你可以做到每天在学习上追上别人手指肚大的那一丁点儿，却不敢相信自己有一天会超过别人，这会坏了你的学习大事的。其实，只要你坚持学习，就一定会有意想不到的收获……"

解开了石头的学习疑团，石头的心就像一层窗户纸突然被点破了，一下子看到了光明。他的信心大增，开始坚信自己只要能每天进步一小点儿，总有一天，学习会赶上来的。

石头对我说："爸爸，我听你的，我一定会慢慢赶上他们的。"

我不失时机地对石头说："爸爸不特殊地要求你，只要求你把老师留的家庭作业自觉地完成，千万别今天丢两道题没做，明天又扔三道题没做。特殊情况，你遇到真不会做的题，你也可以不做。如果不是这样的话，你今天丢两道题，明天丢三道题的，日积月累，就会成为你甩不掉的学习累赘。再就是，你做题的时候千万别糊弄，要是糊弄，不如不做。你每做完一道题，一定要知道自己是怎样做出的，该记的时候也得记住，别像熊瞎子掰玉米，掰一穗丢一穗。遇到不会做的题一定要弄明白，在家一定要问我，在学校一定要问老师，问同学。只要你坚持这样做了，我相信，你的学习一定会赶上来的……"

石头说："啊，原来你让我学习赶上来就这么简单呀？"

"对呀！不这么简单，你还要啥呀！"

石头高兴极了，与我"拉钩"表示他的决心，让我看他的行动。经过石头的努力，他的学习终于赶了上来。

七、为什么把明白的事说模糊了呢

拾金不昧是良好美德，如果老天赐你一个"拾金"的机会，你一定要充分利用，当然，"不昧"可是大有学问的，和孩子一起把握吧！

一天中午，石头兴高采烈地推门进来。

我立刻从石头那张高兴的脸上读出他一定有什么好事了："石头，今天你又有什么高兴的事了，快跟我们说说。"

"爸爸，我今天捡了一个钱包，里边有40多元钱。"

石头的妈妈说："那你有什么高兴的，谁丢的钱你还是赶快还给谁吧！"

石头噘着嘴说："妈妈，我已经从钱包里拿出5元钱，我们几个同学买辣串吃了。"

"看你这孩子，怎么这么干呀。你捡来的钱怎么想都不想就敢花呢，失主朝你要钱，我看你怎么办？"

石头没有吱声，立刻成了霜打的茄子——蔫了。

"儿子能怎么办，我们给补上5元钱再还给人家吧。"我说明了自己的观点。

"你捡的钱包呢？"

石头忙从兜里把钱包掏出来递给我。

我接过来一看，这是一个非常精致的黑皮钥匙钱包，是包卷式的，包卷着7把钥匙，很像是门钥匙和汽车钥匙。打开装钱的夹层，我拿出钱来清点，点清剩余的钱为41元零5角。

我想把石头花掉的钱给人家补齐了。我找了半天，我兜里的钱最小面额是10元的，没有5元钱，石头的妈妈也没有。

我只好对石头说："石头，我给你10元钱，一会儿，你到下边给换成两个5元的，把你花掉的那5元钱给人家补齐了。"

石头十分痛快地答应了。

我一边把10元钱递石头，一边问他："石头，这钱包你是从哪儿捡来的？"

"就在我们家楼头的拐角处毛毛家小棚那儿捡的。"

"你先别吃饭了，你赶快写一个招领启事贴到毛毛家的小棚那儿。"

石头的妈妈说："让孩子吃完饭再写吧。一会儿，饭菜就凉了。"

"你没看见吗？这还有一串钥匙呢，丢了钱包的人说不定有多着急呢，孩子晚吃一会儿饭，能怎么样？"石头的妈妈听我这么说，也不再坚持自己的观点，就说："儿子，那就听你爸爸的，快点去办吧。"

石头回到屋里写招领启事去了。

一会儿，石头拿着写好的招领启事和胶水出来了。

"给我看看你怎么写的。"

我拿过招领启事一看，是这样写的：

我捡到一个黑钱包，谁丢了钱包请到我家里来。

石头

"你这样写可不行，得重新写。"

"哪不行了，我看行。"石头有点耍赖了。

我耐心地告诉石头，这么写怎么不行，有哪里没说明白，然后告诉他写招领启事到底应该怎么写。

石头只好不情愿地回到屋里重写。

一会儿工夫，石头又出来，这次他显得挺高兴的："爸爸，这次可行了吧。"

我把招领启事接过来一看，他是这样的写的：

招领启事

我捡到一个黑钱包，钱包内有46元零5角钱，有7把钥匙。谁丢了钱包请到我家来取。我家是103号楼8单元5楼2号。

石头

"这次写得挺好的，但是，你必须稍稍修改一下，再重新写一次。"

石头有点烦了："我为什么还要重写呀？"

我更加耐心地告诉石头："写'钱包内有46元零5角钱，有7把钥匙'欠妥，应改成'钱包内有钱、有钥匙等'。"

石头听完我的话，马上质疑道："我为什么把明白的事说模糊了呢？"

"石头，你想呀，如果有不道德的人来冒领钱包，人家就按照你写的内容朝你要钱包，你给不给呀？你要是给了，真正丢了钱包的人再来要钱包，你赔不赔呀？只有真正丢钱包的人才知道钱包里有多少钱，有几把钥匙，都是什么钥匙，冒领的人是不知道的，所以，你不能写得太清楚了。你想想，是不是这个理？"

石头想了一会儿，终于想明白了。他又重新写了一个招领启事，再次拿给我看："爸爸，你看这次行了吗？"

我接过招领启事一看，他又是这样的写的：

招领启事

我捡到一个钱包，钱包内有钱，有钥匙等。谁丢了钱包请到我家来取。我家住103号楼8单元5楼2号。

石头

我问石头："石头，这次你怎么不写黑色的钱包了？"

他十分认真地回答："只有丢钱包的人，才知道钱包是黑色的。要是有人冒领，冒领的人是不知道钱包是黑色的。"

"这次行了，不是真正丢钱包的人来冒领，一问就得露馅。你下楼贴去吧。"

石头听了，立刻像一只快乐的小鸟飞到楼下去了。

石头回到楼上，没过5分钟，就有人来敲门了。来敲门找钱包的是一个中年男子。我与石头一起接待了这个神态焦急的人。

我故意让石头来提问，通过一番一问一答，我确信，眼前这个中年男子就是丢钱包的人。只是让我措手不及的是，石头花了人家的5元钱还没有及时补上呢。

我只好来应对："不好意思，我的孩子捡到你的钱包不久，就从钱包中拿出5元钱临时急用了一下，还没有来得及给你补上。这是10元钱，你拿着。"

这个男子显得十分激动，说啥也不肯接受我这10元钱。他感激的话说了"一大车"，一个劲地表示，不要说孩子花了5元钱，就是把这40多元钱都花光了都行，只要他的钥匙不丢就千谢万谢了。

我向这个中年男子解释了石头花这5元钱的原因，也解释了这5元钱没有及时补上的原因……

经历了这种场面，我想，石头一定受到了感染。他悄悄跑到楼下，把10元钱换成两张5元钱递给了我。

我无论如何也让那个中年男子拿走了属于他的5元钱。送走了客人，石头上学的时间也到了，石头没吃好中午饭，只吃了一小半碗饭就匆匆上学去了。

我想，对孩子的启迪教育在无时无刻之中，孩子的认识、学习也在无时无刻之中。石头没吃好中午饭，但是他受到的教育对于他的成长是有好处的。

八、红绒球的戏法

不论家长是有意还是无意的一个许诺，孩子都会刻在心上。家长的诺言是孩子的心结，如果长期不兑现，就会成为孩子的心病。

这是一个星期天，我们吃完早饭不久，石头的姥爷对我说："今天是大柳树（位于辽宁省北票市西南部）的集市，你骑自行车到集市上买一个筚子回来，家里的筚子坏了。顺便带石头到集市上玩一玩，省得他在家里闹腾。”

我在集市买好了筚子，便领着石头四处闲逛。

让石头兴奋的事情是，看街头艺人表演变戏法。他兴致十足地看艺人把两个红绒球往一个碗里一扣，红绒球就没了。艺人用手一指另一个扣着的空碗，那两个红绒球就从这个空碗里变出来了……

在回家的路上，石头还回味无穷地问我：“爸爸，你说，为什么那个人用手一指，那两个红绒球就从一个碗底下跑到另一个碗底下呢？”

我告诉石头，那是假的，那两个红绒球是不会从一个碗底下自动跑到另一个碗底下去的。

石头坚决不信我说的话，非常自信地与我争辩说，他亲眼看见的，那两个红绒球就是在两个扣着的碗底下一次次跑来跑去的。最后，他非常固执地说：“爸爸也骗人，我再也不信爸爸了。”

我没想到，对于天真的孩子来说，假的有时比真的更让他信服。

我这时猛然醒悟，面对石头，我也有解释不明白、有理说不清的时候。如果我强迫石头服从我的意志，就是对他最大的伤害。

于是，我缓和了一下口气对石头说：“爸爸一时半会儿的给你解释不明白，爸爸到时候找一个人给你解释清楚不就行了吗？”

石头听我这么一说，才缓和了与我对立的情绪。

我找谁解释呀，身边的人谁又能给石头解释清楚呢？这成了我回家后一直困扰的事。我面临两种选择：一是对石头的许诺随着时间的淡化而不了了之；一是不管有多么的难，也一定要践行自己对石头的许诺。

一个月后，当我再次回石头的姥爷姥姥家时，做的第一件事就是，周围哪个地方有集市，就骑着自行车去赶集，主要就是为了寻找能帮助我实现对石头的许诺的人。

在集市上，我发现了一个用红绒球变戏法的人。我向他说明了我的请求。他看在我付钱的份上，同意散集的时候，可以带着石头过来找他，由他来给石头讲解两个红绒球在两个扣着的空碗里跑来跑去到底是怎么一回事。

于是，我立即骑着自行车返回家，又马不停蹄地带着石头赶回集市。将要散集的时候，我们赶到了。

等散集后，变戏法的人将我们带到不远的杨树林子里。在杨树林子的草地上，他拿出红布铺好后，一边详细地给石头讲解怎么用碗装红绒球，一边慢动作示范，最后，这个变戏法的人还热情地手把手教石头怎么往一个空碗里藏一个红绒球，石头十分认真地学习着……变戏法的人告诉石头，变这个戏法的成功关键是手疾眼快，只要用心练，就能随意让两个红绒球在两个扣着的空碗里跑来跑去的。

变戏法的人现场演示和讲解，使石头终于明白，那两个红绒球是不会在两个扣着的空碗里跑来跑去的，那都是假的，是把戏。

石头仿佛又长了一个本事一样，开心地笑了。

家长既然对孩子许诺，就要对孩子践行许诺。这样，才能取信于孩子，才能有利于对孩子的教育。

九、 爸爸，我不想吃面片

没有规矩不成方圆，只有立适宜的家规，才能
恰到好处地约束孩子的行为。

随着石头年龄的增大，家人也达成共识，对石头必须立适宜的家规，以
便更好地约束他的行为，引导他快乐成长。

一次休假，我下午两点多钟回到了家里。石头正在午睡，这时，石头的
姥爷告诉我："今天中午，石头没有吃好饭，过一会儿石头醒来的时候，你
哄着他再吃点儿饭。"

"爸爸，他怎么没吃好饭呀？"

"今天的米饭，你妈妈做硬了点，加上天热，石头不怎么爱吃，一小碗
饭只吃了一半，老是吵吵着困，要睡觉，我就让他睡去了。"

在家里，石头的姥爷姥姥与石头有一个约定：每一顿饭他都要吃饱，饭
后，他才能吃其他零食。吃饭的时候，石头不吃饱，饭后，是绝不允许吃零
食的。

石头怎么做，才算吃饱了呢？石头与他姥姥达成了一种契默：石头吃饭
时，必须吃完姥姥盛的一小碗饭，不能剩下。如果剩下了，他就失去了再请
求吃零食的权力。比如说，天太热了，他想吃一根雪糕或棒棒冰，这肯定是
不行的，他只能喝凉开水。

实际上，石头怎么做才算吃饱了，标准由石头的姥姥掌控着，由姥姥凭生活经验来决定石头这一顿应该吃多少才适宜。如果今天的菜好，想让石头多吃点菜，姥姥就少给石头盛点儿饭，盛饭时，想办法让饭蓬松点；如果是面食，就少加面，多加汤。如果今天的饭估计与下一顿吃饭间隔的时间长，姥姥怕石头饿了，给石头盛饭时，就多盛点儿饭，把饭压实。姥姥用这与石头心灵互动的"家规"杜绝了石头吃饭的时候不好好吃，吃完饭后再吃零食的不良习惯。

到下午快3点的时候，石头睡醒了，他见到我，忙问："爸爸，你回来了，你从朝阳给我带回来了什么好吃的？"

"有不少好吃的东西呢。"

石头的姥爷在旁边说："你快起来，先去洗洗脸，洗洗手，好吃爸爸给你带回来的东西。"

这时，石头的姥姥发话了："姥姥已经给你煮好了一小碗面片，在厨房凉着，等你吃完面片，再吃爸爸给你带回来的东西。"

石头用求助的目光望着姥爷。姥爷马上改口了："刚才姥爷说错了，你得先吃姥姥给你煮的面片，然后再吃你爸爸给你带回来的东西。"

石头把头扭向我说："爸爸，我不想吃面片。"

我故作惊讶地问："你是不是今天没吃好饭呀？"

石头转过头看了看姥爷，又把头转回来看着我没吱声。

"如果真是这样的话，你真得先把姥姥煮的面片吃了再说……"

我的态度也明确给出来了，石头一看没辙，只好爬起来，快快地去厨房了……

家长的问题是，在孩子哀求的眼神面前容易心软、让步，但如果不坚持原则，由着孩子的性子，那是没办法教育好孩子的。

十、我的腿没怎么呀

很多孩子在学校都会碰到各种各样的委屈，有时候可能会夸大其词，有时候则会轻描淡写，家长一定要弄清事态原委，恰当地处理，才能抚平孩子心中的伤痛。

前面说过，我的单位和石头的学校只隔着一条公路，就算离得这么近，但在很长一段时间里，我工作忙得团团转，也顾不上石头。

那是一天上午，我来到档案室查单据，正好档案员的望远镜在桌子上，我拿过来望学校，又正巧赶上孩子们课间活动时间。突然，我在学校的操场上升国旗的旗杆下发现了石头，他依坐在旗杆下，双手放在右腿上看着别的同学玩。当他转头的一瞬间，我将他的面目表情拉进了我的望远镜里，他的脸上挂满了难受的神情。我的第一感觉是，他那里一定发生了什么事情。与谁打架了？还是生病了？他到底是哪不舒服？……我端着望远镜紧紧地盯着他。

可能是上课了，孩子们纷纷向教室跑去。在望远镜里，石头也开始向教室走去，他右腿走路的姿势有点瘸，我马上意识到他的右腿肯定受到了伤害。

晚上，我回到家里，特意问石头："石头，今天上午，你的右腿怎么了？"

石头面对我的突然发问，显得十分不自然："我的腿没怎么呀。"

"不对呀，上午你们第二节课课间活动时，我怎么看到你走路有点一瘸一拐的呢？"

石头不说话，神态有点紧张。

石头的妈妈也很快意识到，石头一定是在学校出了什么事情，不想说。在她的一再追问下，石头才不得不吞吞吐吐地说，他没与同学打架，也没摔着，是班主任用脚踢他的腿了。

再看看石头的右腿，膝盖骨的右侧下有一个小馒头大的紫包。石头的妈妈看着，心疼得快要掉眼泪了。我忙给石头热敷、轻揉，最后用紫药水（甲紫，俗名紫药水）给他涂擦。

"你们老师为什么要踢你？"石头的妈妈气得几乎要发疯了，我也很生气，没想到一个女老师竟然这么狠。我努力使自己平静下来。

"课间操的时候，我站队没对齐，老师过来就狠狠踢我的腿。"

石头说着说着，眼泪就慢慢地流出来了。

"你回到家里来，为什么不告诉妈妈？"

石头默默地低下头，小声说："我们老师不让说给家长听。老师说了，我要是跟家长说，就别再来上学了。"

石头的妈妈不管三七二十一，穿上衣服就要到石头的班主任家理论，说个清楚。

我死死地拉住她，劝她冷静冷静，也许还有别的什么原因，了解清楚再说。

我心里很明白，我们激动的心情必须冷静下来，心火必须消一消，被激怒的情感才能回到理智上来。

当石头的妈妈情绪稳定后，我们还是带石头去了医院。所幸骨头没有伤着，只是表皮瘀血了。看到石头的腿没什么大事，石头的妈妈才回归于理性。

事后，我们调查清楚了石头在学校被踢的事：原来，石头的班主任正处于妊娠反应期，难受、心焦，在家里又因为某些原因受气了，到学校也就没有好情绪。

那天，石头站队站歪了自己不觉得，班主任随口说了一声"你往里站"，石头还不知道在说谁呢。转眼间，他被班主任狠狠地用尖皮鞋踢倒。他眼里流出了泪，从地上爬起来才知道，刚才班主任说的是自己。

据了解，在很多学校，老师和学生之间的武力冲突并不少见。对于低年级学生来说，老师的武力对孩子的身心伤害会很大的。作为家长，一定要了解情况，分清是非，客观评价老师的对错，关键的问题是正面疏导孩子的情绪，既不能过分渲染不满情绪，也要予以适当地安慰，当然，和当事老师的沟通也是必需的。

十一、我爸爸的头发是政府免费给剃的

孩子有惊人的"恶搞"能力，有时候会恶搞到家长头上。家长对孩子的恶搞既不能一味放任，也不能动辄无限上纲，要积极引导。

有一次，我出去剪头发。石头嫌热，也想跟着我去剪头发，他的头发并不长，再剪就太秃了，一个学生，像一个秃和尚似的，不好。所以，我坚决没同意。

我剪头发回来，石头的妈妈说："你的头发剪得有点太短了，光图凉快，成了秃家雀了，实在是不怎么好看。"

石头马上跟着说："是呀！让谁一看，以为我爸爸的头发是政府免费给剃的。"

当时我还纳闷，我掏钱剪的头发，政府免什么费呀，这不是瞎扯吗，真不知道他想的是什么。

其实，石头话的意思是，谁看我都是一个罪犯。只有罪犯的头发才是政府免费剃的。

石头对我说的这句话，如果上纲上线，则是大逆不道；如果不以为意，则是风平浪静。石头说出"政府免费给剃的"那样的话，可能是他琢磨的，也可能是外面听来的，总之就是"恶搞"。别看孩子小，不带脏字的骂人可有一套。我也想起以前他和一个同学互相打趣，那个同学的家长还禁止自己的孩子和石头玩的事情来。

有的时候，孩子说出一句话，说完就没事，早就忘到脑后去，像没事人一样了。如果是自己的父母，也许不会怎么着；但如果是别的人，也许就有较为严重的后果。

我通过与石头交心的方式，处理了他"骂人"的问题，最后，我给石头定了一个开玩笑、说话的原则和一个范围。

这个原则是：在小朋友之间开玩笑，决不允许涉及他们家的大人；决不可以用小朋友的自身缺陷作为取笑的对象；要学会尊重小朋友的自尊心……

这个范围是：与小朋友开玩笑时，他们真的生气了就要适可而止，不要出格。如果小朋友的家长在眼前的话，不可以相互"扒"对方短处，不可以开有脏话性质的玩笑，不可以彼此之间动手闹着玩……

后来石头在这些方面比较注意，我们也很少听到别人"举报"他骂人了。

家长对孩子的毛病，应该从理解入手，从孩子的角度因势利导地解决好孩子成长中的问题。孩子理解了家长，对于孩子的问题，我们才能真正地解决好。

十二、楼顶惊魂

孩子对什么是危险活动，什么地方不可以去玩，并没有明确的意识，家长有责任帮助孩子知道、认识、抉择，要善于用理性引导孩子规避玩中的"危险"。

8至10岁是一个孩子的"高危年龄"，什么意思呢？这个年龄段的孩子，什么都喜欢玩，而且玩起来没有危险意识，更缺乏危险、危机处理能力，对孩子进行安全教育乃至训练就特别重要。

前面说过，我的单位离石头的学校以及我们家都很近，这对于大城市的绝大部分人来说是不可能有的好条件，所以，对这个优势，我不怎么强调。但我们对石头的管理，有些情况下又依赖这一优势。

我们曾经从石头的舅舅那里拿来一架俄罗斯产的高倍军事望远镜，用来"察看"石头的活动（关于家长是否应该侦察孩子的"活动"，这是另外的问题）。有一个星期天的上午，石头的妈妈用望远镜看到石头和另外两个小朋友在我们住宅楼（七层高）楼顶用树枝扒拉避雷针外面的墙沿上的一个毽子，看上去很危险。我们就打电话给一楼的孙大爷，让他从七楼楼顶天窗去喊他们下来（不能从楼下喊，容易惊吓孩子们并引发危险）。

当我抽空从办公室回到我们住宅楼的时候，在仓房的夹道里找到石头，他正兴致勃勃地与几个小孩一起玩扑克。

"爸爸，你回来啦。"他觉得我并没有发现他做错了什么，心态显得十分平静。

"你们刚才爬到楼顶去玩了？"

一说楼顶，石头立即一脸的亢奋："是呀，爸爸，楼顶可好玩了，上边可平了，怎么玩都行。"

"你们是怎么下来的？"

"是我们楼下的孙爷爷把我们喊下来的，他不让我们在楼顶玩。"很明显，石头没明白我的意思。

"我是问你们是怎么从楼顶下来的？"

"我们是顺着七楼钉在墙上的梯子下来的，也是顺着那儿上去的。"石头这次明白了我的意思。

"爸爸，我上去的时候感到很轻松，下的时候有点费劲，脚往下的时候，好半天才踩着梯子凳，下来的时候我有点害怕。"

我努力使自己的情绪平静下来："你们用树枝扒拉毽子的时候，害怕了吗？"

"一点没害怕。爸爸，你怎么什么都知道呀？"

我没有回答石头的疑问，而是直截了当地问他："你知不知道，你们用树枝扒拉毽子是很危险的？"

"爸爸，我不怕，我用手抓住铁棍呢，我身子再往前一点也没事。"

为了让石头能体会到什么是真正的危险的含义，我让石头拿着他放在地上的树枝来到了小学操场上的单杠处。

"儿子，你哪个手最有劲？"

"爸爸，我的右手有劲，劲可大了。"

我把他抱起来说："你把树枝换到左手上，右手抓单杠。"石头不明白，我为什么要他这样做，但是，他还是按照我的意思做了。

"现在，你用腾空的右手抓住单杠。"随着我的要求，石头伸出右手抓住了单杠。

"好，好，右手抓紧单杠，一定要抓牢。"

当石头的右手抓紧单杠后，我托着他身体的双手逐渐放下。

"右手千万抓紧，别松手！"当我的双手完全离开他的身体时，他全身的重量转移到他紧抓单杠的右手上。

"爸爸！爸爸！我要抓不……"随着他没说完的话，他掉了下来，毫无防备的重重地摔到了地上，摔得他眼泪开始在眼圈里转了。

"儿子，你不是右手很有力量吗，为什么没有抓住单杠，反而掉下来了呢？"面对我的询问，石头一声不吭。

"如果你在七楼的楼顶出现这样的情景，不就太危险了吗，你想想是吧？"

"嗯。"显然，他知道自己错了。

"儿子，你要知道，你的感觉有时候是靠不住的。所以，危险的地方最好不要去，否则，你是不能自己救自己的，就是别人想帮你也是来不及的，你明白吗？"

"嗯。"

从石头的面部表情分析，我明确地意识到，他已经从内心接受了我对他的警告。

"记住爸爸的话，你和小朋友们去玩吧。"

我并没有接受同事们的建议：狠狠地打石头一顿，让他得一个教训，看他今后还敢不敢上楼顶去玩了。而是用我自己的方式处理了石头上楼顶玩的事。

后来的事实证明，我对石头爬到楼顶玩的处理方式相对来说是正确的。石头是唯一上楼顶去玩而没挨打的孩子，也是在后来唯一没有再爬上楼顶去玩的孩子。那些挨打的孩子并没有因挨打而停止上楼顶去玩，孩子们与家长玩起了猫抓老鼠的游戏。这件事最后以六楼家长用铁锯将钉在墙上的梯子凳锯下三节，孩子们没法上去才宣告结束。

我认为，孩子对什么是危险活动，什么不是危险活动并没有一个很清晰的概念；孩子对什么地方可以玩，什么地方不可以玩，也同样没有一个明确的意识，家长有责任帮助孩子知道、认识、抉择，要善于用理性引导孩子规避玩中的"危险"。

十三、你做什么事我能不知道

家长一定要随时掌握孩子的动向，对于孩子的异常动向，明智的家长要细心甄别其性质和程度的轻重缓急，有些事情可以"视而不见"，有些事情则要及时"出手"。

本书附篇《我的家教经》中说到了要让孩子觉得他做的事情家长都知

道，这对孩子学习的管理是很有用的。从战术上讲，我经常创造机会，让石头在认为我最不可能出现的场合突然默默地出现了。这让石头产生一种错觉：他做的事，我几乎都知道，只是我对他采取了包容的态度而已。

有一次，我到学校去溜达，正巧赶上石头上数学课。我从教室的后窗户望过去，石头正用一个手指尖转着作业本，转完作业本，又开始玩文具盒，在文具盒盖上贴不干胶贴片，又不知从什么地方拿出漫画书看。他听课的时间加起来也就是几分钟的时间。不过我从教室的后窗户看得明白，老师讲的题，他应该说都会了。我想，不听就不听吧。当我听到下课铃声后，就迅速离开了。石头放学回来，我什么也没说，就当什么事也没发生一样。

又一次，石头吃完晚饭要出去玩一会儿，我问他："你玩多长时间？"

"就一会儿。"他回答得非常含糊。

"一会儿是多少谁知道，你说一个具体的时间吧，要不就别出去了。"我让石头明白，他必须明确一个具体的时间概念，什么事都不能糊里糊涂的。

他想了想说："半个小时到40分钟。"

"那行，你去吧。"

石头的妈妈听完我说行的话，紧接着说："玩是玩啊，可不许上网吧呀！"

"知道。"石头答应得挺痛快，飞身就下了楼。

我总觉得不对劲，也就跟在他后面，悄悄地下了楼。

我来到楼下时，石头早已经不知道去了什么地方，他是骑自行车走的。

我判断，他十有八九真是去了网吧。我骑着自行车就从距离我家最近的网吧搜起，一家一家地找，由近及远一点点地外展。当我找到第五个网吧时，一眼就看到石头的自行车靠着墙边锁着。没等进到网吧，我透过玻璃窗就看到他正在玩游戏。他一边玩，一边不时地看墙上的钟。我判断，他这是把握着玩的时间呢。

　　我估摸着他该走了，就把自行车骑到对面的公路一侧，盯着网吧的门口。一两分钟的工夫，石头出来了。我一看表，确定他在网吧里大约玩了36分钟。他骑上自行车疾速离开，真是准时回家了。他上网吧的事，我没有说破。

　　石头一次次不良、略有出格的表现，我都关注着，只是没说破。

　　石头终于把机会给我送来了。一次，学校组织平操场劳动，让学生自带工具。我给他借了一个铁锹放在小仓房里。从小仓房出来时，他并没带铁锹，竟然带了一把过去生炉子取暖用的小火铲。我把他堵在小仓房处，开始跟他谈："你怎么干什么都糊弄，你拿着小火铲去平操场丢不丢人？"

　　我以漫不经心的样子，顺势把他上数学课时一个手指尖转着作业本，玩文具盒，看漫画书的事非常细腻地说了，把他糊弄他妈妈上网玩游戏的事也非常详细地说了……

　　石头惊愕得不得了："啊！爸爸，你怎么什么都知道呀！……"

　　"你随便说吧，你做什么事我能不知道？"石头除了发愣，什么话也说不出来。

　　"你怎么不说了？"我问得石头一句也对答不上，小家伙还是保持沉默。

　　我停了停，接着说："儿子，你必须明白，你做什么事，我都知道。我之所以不说你，是因为你已经长大了，爸爸相信你的自觉性，不到万不得已的时候，我是不吱声的。你也得给你爸爸留点儿面子，这次学校劳动你拿一个小火铲去了，下次再开家长会的时候，你们老师在会上把这事一说，你说，你让我怎么办好呢？"

　　响鼓不用重锤敲，石头啥也没说，回去把小火铲换成铁锹就上学校了。在以后的日子里，石头在学校以越来越好的学习表现回报了我。

　　在小事上，只要是不影响大局的，家长就不要与孩子太计较了，要学会保持观察的耐心，善于利用恰当的时机，该出手时才出手，才能收到事半功倍的效果。

十四、爱的副作用

大部分家长对孩子都是"爱不够"，但更多情况下是过犹不及，对孩子过度的关爱会有副作用，尤其是在孩子学习时，过分的关爱会严重影响孩子的学习效率。

孩子上了学，每个家长都望子成龙。石头的妈妈也不例外。

她自己年轻的时候没少遭罪，也没少吃苦头。现在生活条件好了，她发誓不让石头再吃一点儿自己所受过的苦，也不让石头再遭一点儿自己所遭过的罪。她一定要让石头有一个幸福、快乐的童年，让石头吃好、穿好。所以，她一天到晚变着法，换着样，给石头做好吃的，唯恐在生活中委屈了石头。

在她的心中，只要她这样做了，石头的生活就是幸福的，石头的人生就是快乐的，石头就一定不会辜负她的期望 —— 好好学习，将来石头就一定能够考上一所好大学……

石头的妈妈在石头的学习方面一点儿也帮不上忙。在学习上，即使石头问她会的问题，她对石头也缺乏足够的耐心进行讲解。"我虽然在学习上帮不上石头一点儿忙，但是，我可以从生活上多补偿孩子一点儿，让石头身体棒棒的，幸福、快乐地成长。"石头的妈妈就是这么想的。

石头的妈妈对石头的关爱也在无形中积淤成了溺爱，她经常做的一件事就是热衷于听广告、爱瞎打听。打听谁家的孩子吃了什么，什么东西让孩子变聪明了，什么东西对孩子有非常好的健脑作用，什么东西可以让孩子身体补钙、补铁、补硒……什么东西对孩子的学习有所帮助，什么东西可以让孩子提高学习成绩，然后就不计成本地为石头投入。

我肯定，这是石头的妈妈发自内心对石头的真爱，这种真爱也是许多妈妈的通病，但这种真爱有时候让教育受到阻碍。

家的安宁与和谐，就是家庭成员之间在某种意义上的妥协。我耐着性子，用耐心一次又一次地与石头的妈妈沟通。我说："如果吃什么东西孩子就变聪明了，有钱的孩子家长比比皆是，这些家长有什么样的好东西买不起呢？那么，为什么还有很多有钱人家的孩子天天补课、不停地开小灶学习仍然不及格呢？"

石头的妈妈虽然认可这个道理，还是固执地说："……保健品即使吃不好，也绝对吃不坏的，不试怎么能知道呢？孩子吃着试一试，总比不试强。这就像一所房子，虽然都是住人，装修装修好歹比不装修强。"

石头的妈妈如此论证有点强盗逻辑了，我只好"以暴制暴"，问她："别的不说，学校里，石头他们年级就有几百号人，你听说哪个孩子吃健脑保健品头脑变聪明了，哪怕有一个孩子也好。难道这些孩子家长的信息渠道都不如你灵通？难道这些孩子家长认识问题都比你迟钝？……"这才使她无言以对，不再坚持。

但这样一种过度关爱对孩子的影响却无处不在。

我陪石头晚上在家里学习时，石头的妈妈削好一个苹果送来了："儿子，你先把这个苹果吃了，苹果有丰富的维生素。"石头的妈妈突然出现，把石头做题的思路一下子打断了。她倒显得无所谓："你快吃吧，你的学习不在于吃苹果这一会儿工夫。"

她强迫石头停下笔来吃苹果，看着石头把苹果吃完，才满意地走了。

一会儿工夫，石头的妈妈又给石头送来了温水："儿子，你赶紧喝点儿水，妈妈都给你凉好了，不凉不热，正好。"如果石头没有立即响应，她会立即说："儿子，这么半天了，你不喝口水怎么行呢？

你多少也得给妈妈喝点。水长精神，你学习没有精气神怎么行呢？……"一番关爱的唠叨，石头刚才的聚精会神又被搅散了。

又一会儿工夫，石头的妈妈又给石头端来了温热的牛奶，直到她把一碗温热的牛奶一滴不剩地灌到石头的肚子里为止。

这还不包括石头的妈妈时不时地过来关照一下："儿子，你饿不，你要饿告诉妈妈一声，妈妈就去给你做一个荷包蛋吃……"好像不过十分钟、二十分钟的，石头的妈妈不过来关心石头，她就成了石头后妈似的。

石头显得十分无奈。在孩子面前，为避免我们之间产生语言的过激行为，我更多的是无可奈何。

面对石头的妈妈的爱，我不能抱怨，但也不能放任，于是我只能用专业的手段和她分析在她频繁的关爱之中，石头的有效学习时间是如何流失的。当然我还借助了专家关于"思维状态变化"的分析，这让石头的妈妈逐渐明白了，她的好心反而帮了石头学习的倒忙，她有了后悔之意。

我趁热打铁，故意问石头的妈妈："你总是打扰石头学习，你这是真的愿意石头学习好呢，还是假装愿意石头学习好呢？""你不给石头保留足够的学习时间，怎么指望石头给你考出一个好的学习成绩来？"

另外，我还做了一个石头在受干扰的情况下与不受干扰的情况下做题数量的对比分析，石头的妈妈吃惊地发现：石头受到她的热情干扰，一周时间，竟然少做了那么多道题。这对于石头的妈妈来说，是一个可怕的事情。她终于深刻地意识到，自己一会儿一趟地到石头房间里来，真是影响了石头的学习，真是在为石头的学习帮倒忙，自己实在太不应该频频地打扰石头学习了。

石头的妈妈安静了两天，没来打扰学习中的石头，第三天，她对石头的心疼终于熬不起了。石头长时间的学习，不让石头吃一点啥，她十分不甘心，也十分心疼。最终，她与我商量出一个妥善的解决办法：每天固定十分钟的时间，让石头吃点什么、喝点什么。这样，既兼顾了孩子的学习，也不至于太苛待孩子了。

通过收敛对石头过分的爱心，我们俩很好地解决了因家长对孩子过度的关爱而直接影响孩子学习的事。

我的感受是，孩子学习的时候，是不该一会儿给孩子送点这个，一会儿给孩子送点那个；一会儿关心孩子冷不冷，一会儿关心孩子热不热……孩子的学习思路就像用线织布一样，不应该随意地被打断。当然，织布的线断了是能够接上的，但这需要时间，即便断线又接上了，这也会影响到布的优质品率的。学习也是一样的道理，家长真正关爱孩子的学习，就应该为孩子创造出最佳的学习氛围。

无度的关爱孩子，在一定的氛围内就是好心办坏事。对孩子的关爱必须有一个尺度——适度，不要用爱心扰动孩子学习思考的氛围，才能达到真正关爱孩子的目的。

十五、流行的错误

当今社会有很多流行的时尚会影响到孩子，教育产品本身也有经常流行的时尚，如何理性对待这些？家长必须学会用理性来面对非理性的诱惑，这样才能协助孩子拒绝伪科学，还孩子对事物一个清醒的认识。

学生、学校都是社会的元素，很多流行的时尚对孩子有一定的影响，这种流行也许本身并没有对错，但不同的流行给孩子的影响是不同的，借用流行因势利导就很有必要了。

石头五年级的时候，全国都在流行用"钢笔硬笔书法练习模板"。开始是石头的妈妈跟我说邻居让孩子用这个模板练字，让我给石头买一个。我和石头的妈妈讨论了很久，我决定不让石头用这个模板练字。

后来，石头他们学校风靡用这种模板，石头看到绝大多数同学都拥有"钢笔硬笔书法练习模板"，羡慕得不行了，回到家里央求我也给他买。为了说服我，他信誓旦旦地说，自己一定要练出一手好的钢笔字。

石头的请求逼着我全力以赴地研究起"钢笔硬笔书法练习模板"来。我越研究越认为，临摹"钢笔硬笔书法练习模板"练不好钢笔字。这是打着科学的幌子进行商业炒作，但怎么也难和石头解释清楚。

石头还是不死心，便开始磨他妈妈，石头的学习热情立即打动了他妈妈。我下班回家时，正碰上她要到新华书店给石头买"钢笔硬笔书法练习模板"，我把她拦住了。经我一番说服，石头的妈妈打消了给石头买"钢笔硬笔书法练习模板"的念头。

谁知道，石头的小舅出差时，给石头带回来的礼物正是"钢笔硬笔书法练习模板"。石头拿着他小舅给他的"钢笔硬笔书法练习模板"非常高兴，简直是爱不释手。

在这种情况下，我认识到是必须给石头解释清楚为什么不让他用"钢笔硬笔书法练习模板"练字的问题了。

我经过认真的"备课"，通过与石头进行问答的方式，给石头诠释了拒绝用"钢笔硬笔书法练习模板"练写钢笔字的理由。

我先让石头不用直尺为矩，直接在纸上用钢笔画一条直线。不论石头怎样努力，也画不出一条直线。

我问石头，他在幼儿园学前班里就开始用直尺画直线，直到现在，他还在用直尺画直线。为什么离开了直尺，不能直接在纸上画出一条直线呢？

石头看着自己不用直尺画出来的弯曲的线，不得不进行思考。不论石头如何努力，他也想不明白为什么自己天天用直尺画直线，怎么离开了直尺就画不直一条直线呢？

石头无奈地说："爸爸，我实在是想不明白了，反正是我离开了直尺就画不好一条直线。"

我接过石头的笔，没有用直尺，直接在纸上用钢笔画了一条直线。我画出的直线非常直。这让石头看得非常惊讶。他十分不解地问："爸爸，你怎么能不用直尺，就能画出这么直的一条直线呢？"

我笑笑对石头说，因为爸爸经常要在图板上画零件草图，每个零件草图都是由各种线条构成的，为了快速勾勒出构思的零件草图，我必须直接用笔在纸上画零件草图，这就要求我尽量把直线画直。我天天徒手画直线，久而久之，直线就越画越直了，最后，没有直尺也能把直线画得很直了。

我告诉石头，你之所以不能离开直尺画好一条直线，是因为你已经习惯于利用直尺导航的方式画直线了。离开了直尺，尽管你很努力，因为失去了对直尺的依托，你还是没办法画好一条直线。

我说，我之所以能徒手把直线画直，是因为我经常需要离开直尺画好每一条直线。当我第一次离开直尺画第一条直线的时候，也像你一样，是画不直的。但是，当我画第二条直线的时候，我的思维会潜意识地让我自动注意到画第二条直线时，尽自己最大的能力减少或者不犯画第一条直线时的错误。天长日久，随着一次次对画直线误差的修正，我不用直尺画直线时，自然也就能把直线画直了。

听了我的话，石头似乎懂了许多，他问："爸爸，我小军叔（我的同事）也能离开直尺画好一条直线吗？"

我笑着说："不用直尺画直线，这是一个资深工程技术人员的基本功，你说你小军叔能离开直尺画好一条直线吗？"

石头听后也笑了。

石头经过思想的轻松过渡之后，我开始引领他向我设定的"目标"上走。我强调说，习惯于用直尺画直线的人，离开了直尺画好一条直线，比不用直尺练习画直线的人要更难。

石头若有所思，我乘势对他说，用直尺画直线的道理与用"钢笔硬笔书法练习模板"练习写钢笔字的道理是一样的，用模板练习写钢笔字是很难写好钢笔字的。

以画直线的例子说明用"钢笔硬笔书法练习模板"练字不合适，只是完整道理的一部分，我还特别和石头交流了两个问题：一是为什么"钢笔硬笔书法练习模板"能够大行其道，二是为什么用"钢笔硬笔书法练习模板"不能练出好字。

在人们的心里，人们用"钢笔硬笔书法练习模板"练习写钢笔字时，钢笔的笔尖沿着模板的导航总是能写出较理想的钢笔字形。写一个折勾，笔尖沿着凹下的沟槽导航很容易地写出来，而且还很规整、一致。这很容易给人造成一种成功的假象。

另外，人们用"钢笔硬笔书法练习模板"练习写钢笔字时，有一种跟从名师练字的感觉。这种感觉可以理解成，自己在被名师手把手教练习写字，从心理上满足了人们写一手好钢笔字的美好愿望。

最重要的是，人们笃信，习惯成自然这种写字定型的说法。人们的生活经验告诉他们，当写了一千遍的"我"字，再写"我"字的时候，这个"我"字的构架、形状就基本定型，而且不易改变。所以，人们毫不怀疑用"钢笔硬笔书法练习模板"练习写钢笔字，只要练习足够的次数，自然就能写出与"钢笔硬笔书法练习模板"一样的钢笔字形了。

那么，究竟为什么用"钢笔硬笔书法练习模板"练不好字呢？

实际上，当你徒手在纸上写一千遍的"我"字，再写"我"字的时候，这个"我"字的构架、形状基本就定型。因为你对写"我"字的把握力已经基本定型了。

而当你用"钢笔硬笔书法练习模板"写一千遍的"我"字，你离开"钢笔硬笔书法练习模板"再写"我"字的时候，是很难写出与"钢笔硬笔书法练习模板"一样的"我"字的。因为你没有徒手写好"我"字的把控能力，你基本定型的是对使用"钢笔硬笔书法练习模板"写钢笔字的依赖。一旦你离开"钢笔硬笔书法练习模板"的支持，就等于失去了依赖对象，又回到了自然发挥的阶段。这时，不论你怎么努力，也很难写出与"钢笔硬笔书法练习模板"一样的"我"字的。这就像你离开了用直尺画直线的导航，你无法在纸上徒手画好一条直线一样……

石头听了我的话，把他小舅给他买的"钢笔硬笔书法练习模板"从书包里拿出去了。

这让我认识到，一些事情是不能凭主观意识的想当然去认定是与非的。家长必须善于帮助孩子明确意识，必须善于用理性来面对外界的感性诱惑，这样才能更好地协助孩子拒绝伪科学，还孩子对事物一个清醒的认识。

第 4 篇

孩子在家学习的故事

孩子在学习的过程中，不管遇到什么情况、什么事情，家长都需要理解孩子，帮助孩子比埋怨孩子更重要。不管孩子每一次的进步有多小，家长都要真诚地肯定孩子、鼓励孩子，这可以让孩子保持自信，保持顽强学习的热情。

一、姥爷你看，我爸爸影响我做作业

> 在教育孩子的问题上，我们与老人之间会形成
> 潜意识上的分歧，也会形成不同观念下的不同的教
> 育方式，从而对孩子产生不同的影响。

有一次，我休假回家。一进屋，我就看见石头身体斜坐在床上，上身歪扭着趴在桌子上拿着铅笔做作业。石头的姥爷在旁边的沙发上，满脸带着微笑，一边吃着瓜子，一边看着石头做作业。

桌子上前边摆满了塑胶玩具，左边是纸、文具盒、直尺等，右边是乱七八糟的塑料积木块、散乱的军棋子，课本胡乱地摆在上边。一个桌子上摆得满满的，石头在只能容他趴下的地方做作业。

桌子前边摆着一个装电视机用的纸箱子，里边也是玩具。纸箱子外边散乱地放着变形金刚、汽车、坦克、零乱的漫画书等，简直是插不下脚。床上是书包、零乱的外衣、一堆堆的塑料小人，还有挥刀舞剑的忍者神龟……除了他屁股坐的地方，整个床面也是满满的。可以说是一片狼藉。

眼前的情景让我看得直皱眉头。

石头看见我回来了，只是略略地抬了一下头，"爸爸，你回来啦，姥爷在让我做作业呢。"然后，又忙着写自己的作业了。

不容我对石头说什么，石头的姥爷就开始关心地询问我一路乘车的情况。

"你坐车回来时，有座吗？""你坐六个多小时的车一定很累了吧？"……

我终于有时间对石头说话了："石头，你做作业，我把你的玩具给你收拾收拾……"

"爸爸，你千万别动我的玩具，我一会儿还玩呢。"

"多乱呀。我还是给你收拾收拾吧。"我一边说一边动手。

"不行！爸爸坐这么远的车，挺累的，还是到那屋歇着吧！"

石头的姥爷也明显地不高兴了："我都不嫌乱呢，你嫌啥乱呀，一会儿孩子还玩呢。"

石头赶紧应声："就是，就是，一会儿我还玩呢。姥爷你看，我爸爸影响我做作业。"

石头的姥爷马上给我上课："让孩子只做作业不行，把孩子累坏了。孩子不做作业光玩也不行。得叫孩子做一会儿，玩一会儿。孩子是把东西弄得哪都是，谁家孩子不是这样呀？孩子玩够了再收拾，挺好的事，干吗惹得孩子不高兴……"

有石头的姥爷做石头的后盾，我面对石头的随心所欲有点无可奈何。

在一个家庭里，我们与老人之间谁的权威大，谁对孩子成长的影响也就大。

我监督石头学习的一个原则是：石头学习就是学习，集中精力、全力以赴地学习；石头玩时就是玩，就要快快乐乐、痛痛快快地玩。

孩子一边学一边玩最容易出现学习上的大忌：学东西最容易学"夹生"了。大家都知道，夹生饭是最不好处理的。如果孩子学习知识学"夹生"了，进行回锅处理，对于任何一个有教学经验的老师来说，都是一件非常不容易的事。

在学与玩的问题上，老人对孩子教育的固执就在于：他们并不注重孩子的学习细节，只是看重孩子考试的结果，用考试来一锤定音。

考试是可以考查孩子们学习知识、运用知识的能力，但不能排除考试有一定的偶然性。学习好的孩子也可能因为失误而没考好，学习差的孩子也可能因为某种原因反而考得挺好。

仅以考试成绩来判断孩子学习的好与坏，这正是我们每个家长应当好好反思的。

老人用自己的关爱方式呵护着孩子，要想在老人的面前教育孩子，就必须适应老人教育孩子的方式。这样，才能劲往一处使。在老人的面前想以自己独特的方式教育孩子，是很难的。难就难在我们与老人之间存在着一个无形的"代沟"。在教育孩子的问题上，我们与老人之间的"代沟"不仅会形成潜意识上的分歧，也会形成不同观念下的不同的教育方式，从而对孩子产生不同的影响。

要想得到老人的认可，一个是要与老人进行适当地磨合，另一个就是要与老人之间搞好折中。

在教育孩子的问题上，我们与老人之间需要更多的理解。只有读懂了理解的内涵，我们才能把握好对孩子的教育。

二、我们制作的玩具

　　家长要善于针对孩子的特点，娱乐寓教，让学习不拘泥于形式，这可以更好地激发孩子的学习热情，引导孩子在快乐的玩耍中进行学习。

　　小学生需要做作业，在做作业的问题上，石头的姥爷的主张和我的主张完全不同。我是主张让他先完成作业再玩，石头的姥爷则主张让他玩够了再做作业，这种不同的主张经常引起争论。

　　有一次，石头放学回家放下书包，说什么也要先到楼下玩一会儿后再做作业。我坚持让石头先做完作业，后下楼去玩。

　　石头固执地坚持自己的做法。我有点生气，阻止的话语多了几分严厉。没想到，半路杀出一个程咬金，石头的姥爷发话了："作业什么时候做不行，有必要非得现在做吗？孩子玩完再做怎么就不行呢？"

　　石头的姥爷还说："东洋在楼下等着他呢，一会儿，东洋走了，等他做完作业，他下楼跟谁去玩呀？"

　　我只好硬着头皮对石头说："你就先去玩吧，早点回来做作业。"

　　石头走后，石头的姥爷心气未消地说："在你妈妈和我面前，你别教育孩子，孩子那难受的样子，我们受不了……"

　　石头的姥爷的态度让我陷入深深的思考中。说实在的，两种主张各有各的道理，怎么样才能让石头学习和玩两不误呢？一个想法闪入我的脑海：如果让石头在玩中学，那么，学就可以不拘泥于形式了，就可以引导石头由被动学习到主动学习了。

我开始了艰难的探索。我几乎是没日没夜地上网，在网络上海捞着点点滴滴对自己有益的智慧。经过近半个月艰苦的孕育之后，我的大脑从一片混沌中看到了光亮，一些朦胧的构想开始过渡到物化的清晰的定格。这时，我多年形成的创新突破能力也极大地发挥了作用，我成功地完成了第一个作品——纺织棋（这个棋后来获辽宁省发明一等奖）。

首先，我用塑胶地板块剪出圆圆的棋子，然后，用不同色彩的不干胶粘出不同棋子的贴面。这样，就迅速地制出来了一个个漂亮、色彩不同的棋子。

我再用白纸壳剪黏成十几枚正六面体的数字骰子，内装细沙土，外面再用不同色彩的不干胶紧凑地粘好，并用醒目的彩笔写上"1，2，3……"数字及加、减、乘、除的符号等。

我再用机械绘图工具，用黑、红两种颜色绘出美丽的、带有夸张情调的棋盘。这样，一副独一无二的纺织棋的实物就制作完成了。

我制作完成的纺织棋一亮相，立即就吸引了石头。石头对纺织棋充满了好奇，迫不及待地让我教他怎样玩棋。我一边给石头讲解怎样玩纺织棋，一边用棋子进行演示。我用了二三十分钟的时间，就教会了石头怎样玩。

我与石头玩纺织棋时，我每走一步，都会一边慢慢地移动棋子，一边说着自己运算方式的选择，并针对运算结果的数字，说出自己对行棋方位的选定。目的是让石头耳濡目染学会怎样快速、灵活地进行数字运算，并学会针对不断变化的情况，快速做出自己的正确判断，以提高他的运算能力和反应能力。

　　我与石头玩纺织棋时，做的第一件事是有效地控制石头玩棋的时间。目的是让他保持玩纺织棋的浓厚兴趣，并给他留下足够的反思时间，使他经过反思，知道怎样做才能提高自己的运算能力和运算速度，怎样才能在变化的情况下选择最佳的取胜进程。

　　第二件事是控制石头的输赢节奏。目的是让石头在玩棋的时候，逐渐适应自己运算能力的提升过程，适应自己判断能力的提升过程，以减小他的学习压力，提高他的学习兴趣。

　　石头兴致勃勃地玩纺织棋，他对数字的运算能力快速、稳定地提升，这极大地激发了我的创造热情。

　　我为了让石头对"小九九乘法口诀"熟烂在胸，成功地设计了数字1～10的乘、除法的正、逆运算棋——小九九运算棋。

　　首先，我按着乘法口诀设计了1乘1，2乘2……直到10乘10的运算，把数字1～10以内所有数乘积的运算结果都按一定的比例关系随机标识在棋盘上。然后，我把双方的棋子制成标有1～10的数字棋子，使之棋子上标识的数能与棋盘上的数对应，总能形成对应的乘积关系。这样，通过运算、定位、行棋、兑子，就构成一个非常有趣的游戏过程。

　　石头通过玩小九九运算棋，乘法口诀快速熟烂在他的心里。

　　在石头力所能及的范围内，我不仅让他参与到玩中来，而且让他参与到玩具的制作中来，以便进一步开发他的智力。

　　我让石头参与制作的第一个玩具是中国字拼字转盘。在拼字转盘中选择的偏旁部首全是提手旁，因为有提手旁的这类字在石头的语文课本里出现得最多。我负责填写偏旁部首，另外的部分则由石头依据自己所学的语文课本来确定、填写。

　　我对石头提出的要求是，他在中国字拼字转盘上提手旁填写的每个字，第一必须是一字不许重复，第二必须是他语文课本里所学的字，第三是必须字迹工整。

石头参与制作了数个中国字拼字转盘，这让他不仅把自己语文课本上的生字、读不准的字在快乐的玩耍中一扫而光，而且借助于字典，他还学会、记牢了大量没有学过的字。

玩，有时候也能取得不错的学习奇效。

三、我看完这一段不行吗

课堂上的教育不是唯一的教育，孩子汲取营养是多方面的，指导孩子看经典课外书也是一种广义的学习，这可以让孩子发挥更大的学习潜能。

石头在读到小学五年级的时候，学与玩的状态有了明显的变化，他开始从狂玩中抽身了，大部分时间都泡在家里。这种非常微妙的变化的直接体现就是他开始迷恋上了看书，凡是他能借到的书，他都看得有滋有味，能几个小时不动地方地一直看下去。

我意识到，石头在不知不觉中开始热衷于形形色色的小说了，甚至到了疯狂的程度。石头不仅自我读书的感觉非常良好，似乎自我约束能力也增长了不少。他每天放学后，很少像以前那样在外边没完没了地玩了，而是在家里看书，不分良莠的书都能磁石般地吸引着他，仿佛他的情趣就是与各种各样的书为伍。

虽然，石头在学校里的学习状态还是处于一般水平，但是，他做家庭作业的速度却加快了，他在从学校回家前总是先把老师留的家庭作业写完，实在完不成的，回家后，第一件事就是快速把剩余的那一部分家庭作业完成，糊弄也罢，稀里糊涂也好，反正是家庭作业完成了。这样，他就可以随心所欲、不受干扰地看自己想要看的书了。因为他做完老师留的家庭作业后，看书就能获得家里人的大力支持。

由于工作的变故，我暂时顾及不到石头了，只是泛泛地对石头提出一个看书的要求：色情淫秽之类的书不能看，有违伦理道德之类的书不能看……但是，在实际操作的层面上，石头看没看我不允许他看的书，也就无从得知了。

当我有时间时，便开始检查石头看的书。不知道石头从哪里弄来了《西游记》《隋唐演义》《天龙八部》《射雕英雄传》《封神榜》《青年近卫军》《牛虻》等书来看。在这些书里，他特别热衷于看武打小说。这个时期，石头对看小说始终保持着浓厚的兴趣，他从看画册到转向看小说，这是他看书的特点之一。

渐渐地，石头的妈妈见石头没完没了地看这些书，看得入迷了，连吃饭的时候招呼他，他也不愿意动地方，就来气了，支持石头看"书"的劲也没了。她会对着石头吼："你整天看这些没用的书，能当饭吃呀，还是能当衣服穿呀，你自己说说……""你有时间自己把学习搞得棒棒的，这比什么不强，整天看这些没用的……"

石头的妈妈说烦了，石头就应付一句："我看完这一段不行吗？就看一会儿了。"这一会儿到底是多长时间，恐怕他也不知道，看着看着，就把他妈妈招呼他吃饭的事忘到脑后去了。

特别是，石头的妈妈不让石头看闲书，提醒他该看课本的时候，他妈妈说多了，他就把书一丢："我不看了，行了吧！"小说是不看了，不是赌气在沙发上看电视，就是憋着劲下楼去玩。

我的观点是，石头正处于一个思想意识变化的时期，在这个时期，家长任何的粗暴行为，任何的不理智行为，都会对孩子造成不好的影响。孩子不看色情淫秽、有违伦理道德之类的不健康书应该说开卷就有益。

所以，当石头的妈妈与石头之间在石头看闲书这个问题上出现争执时，我是尽一切的可能为他们娘俩"和稀泥"。

我觉得，石头这种过分贪恋看小说的变化从形式上、表面上来看，是冲击了石头的文化课学习，而从本质上分析一下，这对石头的文化课学习却能起到一个潜移默化的促进作用。我们只是缺少对石头看书的正确引导方法。至于用什么样的方法来引导石头才是最适宜的，我心里是一点儿把握没有。

面对石头突然成长的变化，我真有一点儿不知道如何应付的感觉。我想，应急的最好办法就是用心看，用心想，因为心灵的感受会启迪人的智慧。

我通过细心地观察发现，石头没有看完的那一段书，如果在精彩之处被他妈妈打断了，他总会放不下心思，总会被心中的悬念折磨着，他会一直非常固执地惦记着这点儿事。假如他没有机会在家看，那么，他会想尽一切办法把书带到学校里去看。他也总能在学校耗费学习时间"神不知鬼不觉"地把书看完。这直接影响了他的学习。

怎样处理好石头看闲书与学习的关系，这成了我的一道难题。

我心里明白，如果石头对家长产生了逆反心理，即使不让石头看这些闲书，也不等于石头的学习成绩就一定会越来越好。能不能用好闲书这把双刃剑，石头能不能在学习时把心用到学习上这才是关键，这才是我与石头的博弈点。

虽然，石头没有过渡到安分守己地看课本，但是，石头从贪玩中过渡到看闲书，这种转变也标志着石头对知识的一个认知过程，这也是一种潜在的学习方式，更是一种广义的学习，这体现的就是石头思想变化的循序渐进。

我终于想明白，我们对石头的要求，一切都不能操之过急，否则，就会欲速则不达。找准正确的切入点，因势利导，才能对石头的学习形成最好的帮助。

我思考了一定的时间，就石头看"书"的事与石头的妈妈进行了探讨。我的意思是："孩子学习也不怎么紧张，看点儿书总比一天到晚在外边玩好得多，再说了，他看书，要想看懂书上写的内容不是也得识文辨字。这对石头的学习也是一个帮助……"

石头的妈妈也想不出更好的办法。她承认石头在家看点儿闲书是比石头到楼下玩强多了。所以，她也就勉强默许了："那孩子学习的事就你管吧，我可啥也不管了。"

"孩子学习的事，我就负责到底了，这还不行吗？"我把一切应承下来了。石头的妈妈对石头看闲书的事也就不再唠叨了。

石头看闲书的时候，少了他妈妈的干扰和唠叨，挺高兴的。

我也趁着石头的高兴劲，对石头看闲书提出了四项几乎是强制性的要求：

第一，他拿回家来看的书，必须不是色情淫秽、有违伦理道德之类的不健康书。如果我看到了他在家看这些书，不管书是向谁借的，一律撕掉……

石头疑惑地问我："爸爸，那武打的、战斗的书里有男女之间的事呢？"

"武打的、战斗的书若不是名著，尽量少看，那些都是千篇一律，换汤不换药的玩意儿。"石头想了想，答应了。

第二，他看书的时候，遇到不会的字一定要查字典，遇到不懂的词语一定要查词典。如果在他看过的书里，有一个字或词在书里出现过三次以上，我抽检时，发现他还不认识，而且也没查过字典或词典，那对不起了，书就不能看了。

石头不解地问："那为什么呀？"

我解释说："你看了半天书，字、词都不认识，这不是猪鼻子里插大葱 —— 装象吗？再说了，看书竟还有不认识的字，还囫囵吞枣地继续看，这不让别人笑话吗？如果这样的话，还不如不看。"

石头想了想也同意了。

为了让石头能顺畅地看懂、看明白他想看的"书"，我为他购置了三部字辞典：《新华字典》《成语大词典》《现代汉语词典》，供他看书专用。

石头看我为了让他能看懂他想要看的书，竟然给了这么大的投入，心里非常高兴，洋溢出一种只有我才能感受到的感激之情。

第三，他对自己看过的每一本书，要尽量记忆下三件事：第一件事是要记清楚书中的主要人物和作者姓名；第二件事是一定要记住书中的主要故事情节，至于故事的细节则是记得越多越好，越清楚越好；第三件事是要努力记下书中自己感兴趣的经典语句和精彩的句子。

石头问："爸爸，你让我费劲地记这些东西有意义吗？"

"当然有意义，而且意义重大。不能费时耗力地把一本书看完，就算了。过些天再看这本书，跟没看过一样，这不行。这不叫看书，这叫浪费时间，浪费精力！如果这样的话，你不如到一边挠一会儿墙根也比这强。你想想看，你说你看过《西游记》，别人一问你，孙悟空三打白骨精是怎么回事，你干张着嘴，说不出一个所以然，你寒碜不寒碜？你如果说你忘了，你掉价不掉价？"

"爸爸，我要是记不住怎么办？"

"想记住的话，一遍记不住的再重点看一遍，时间长了就好了。"

……

我耐心地为石头拆解心疑，他终于愉快地接受了我对他看书、记书的这三项要求。

第四，他看书可以，学校留的家庭作业必须按时完成，不能糊弄，每次必须认真完成。因为看这些闲书毕竟与学习是两回事，闲书可以不看，但学习不能耽误了。学习与看闲书发生冲突时，学习优先。

石头对于第四点当然没有什么说的，他也知道孰重孰轻。

我对石头提完要求后，又提出一个让他振奋的激励机制："对于你看的书，如果我每次抽查的时候，你达到了我的全部要求，我每次都会满足你的一个愿望。如果我抽查的时候，你基本达到了我的要求，还有不足的地方，我就小奖励你一次，当然，额度不会超过20元。"这叫目标激励机制。

我对石头提出的要求既有道理，又有奖励，他当然高兴了。这样，石头与我们之间的对立情绪很快就化解了。随着我对他读书学习节奏的把控，石头的学习成绩逐渐步入持续上升的轨道。

石头阅读的大量书籍对他后来的学习起到了巨大的推动作用，也对他人格的养成产生了重要的、积极的影响。

这让我确切相信，种树育人，一切都在潜移默化中。课堂上的教育不是唯一的教育，课堂上的激励不是唯一的激励，孩子汲取的营养是来自多方面的，一切皆有可能。

四、"后进班"学生

对孩子学习的关心不能停留在形式上，而是要深入进去；不能采用粗放式的块、面的办法管理，而是要细致到点、线上。这样，才能使家长对孩子的帮助一分是一分，每帮助一分，都有一分的收获。

转眼之间，石头"脖领子挂钥匙 —— 自己管自己"已经近四个年头了。

生活的艰辛和奔波，使我在相当长一段时间内对石头学习的关注鞭长莫及。管石头衣食住行和学习的担子几乎都落在了石头的妈妈的肩上。

实际上，石头的妈妈对石头关心的重点是他的生活起居，就是让他吃好、喝好、穿好、睡好。她尽其所能满足石头的一切生活要求，别人家孩子有的，石头一样也不能缺着，她用十足的母性呵护着石头。

石头的妈妈对石头学习的关心，主要是看着、哄着石头做作业，只要是石头能完成做作业这个形式就行。她重点就是看石头的考试成绩，如果石头考试还行，就表扬一番，满足石头一个物质上的愿望；如果石头考试考太差了，就把石头训斥一通，别无良策。

让石头的妈妈欣慰的是，石头不是特笨的孩子，不管他考试如何差，老师给他的评价都是"石头学习的悟性还行，就是太淘气了，一点儿也不上心学习……"

每每这时，石头的妈妈就感觉，如果石头上心学习还是有希望的。很多家长不都有一个"相互之间攀比"的心理吗？石头的妈妈也有这样一个攀比的心理。由于她对学校的情况欠缺了解和熟悉，所以，只能拿石头的考试成绩与家属区的男孩子们比。石头考试的成绩总是比跟他一起玩的小朋友们高出两三分，这让她多少有些欣慰。

特别是对石头学习的麻痹大意，大家都认同的一个错误理论"女孩子善于死记硬背，男孩子淘气，最不愿意死记硬背，所以，男孩子在小学时考试考不过女孩子属于正常。到了中学，需要用心理解的时候，再看，女孩子就不行了，学习好的还是男孩子"在误导着石头的妈妈。

上述的观念让石头的妈妈误以为石头上了中学以后，学习成绩自然就上去了。这也让她懈怠了对石头学习的重视。

日子就这么慢慢地过着。

我终于从销售一线调回到管理部门。我的同学听说我调回来，第二天就找到我。他求我给他初一的儿子补习一下代数。他的要求也不高："教好教坏没什么大关系，也不指望孩子有多大的进步，只要能通一通路子，考试的时候别太落后，少丢点儿人就行了。"

盛情难却，我就是在这样的情况下，认识了他的孩子龚奎。龚奎一年前是石头的校友。

我没想到龚奎非常熟悉石头，更没有想到，龚奎虔诚地对我说："叔叔，你为什么不给石头换换班呢？"

"他在六年级（4）班有什么不好的吗？"

"六年级（4）那是全校有名的'后进班'。"

"后进班"这3个字深深地刺痛了我。

"你怎么知道六年级（4）班是'后进班'？"

"我当然知道六年级（4）班是'后进班'了。他们班原来有90多名学生，有能耐的家长都把他们的孩子转走了，现在，他们班就剩下不到60个学生了……"

"我听石头的妈妈说，教石头的王老师挺好的，管孩子挺严的。"

"杨叔，我知道，王老师哪一届带的都是'后进班'。王老师特狠，也就是他带'后进班'能压住了，班级才不闹事。"

我听出来了，石头的班级不闹事就是好事了，这让我的心一沉。

龚奎想必是怕我不信，又特别加了一句让我更感到心碎的话："杨叔，如果你不信，你到学校打听打听，他们班级里学习最好的学生，哪怕学习成绩第一的学生，拿到别的班去比，也都什么也不是。"

我听说自己的孩子什么也不是，还有心在这里教别人的孩子？这不能不说是一件闹心的事。一种深深的懊悔摧毁着我的心灵。

我怀着一种侥幸的心理，希望龚奎说的话不是真的，只是一种口误。不管我怎样进行自我安慰，还是开始了实地的调查。

确切的调查证实，龚奎说的话一点儿也不假。从小学二年级的下半学期开始，石头这个班就由一个好班向一个"后进班"过渡了。

原因很简单，由于学校缺少老师，教石头他们的班主任李老师临产时还没有放弃班主任的工作，但教课已经是力不从心了，一切都糊里糊涂，基本处于撒手不管的状态。老师无心管教，学生没人约束，全班的学习成绩开始整体下滑。

李老师进入生产期，他们班就成了一个群龙无首的班级，今天这个老师带几天，明天那个老师带几天，都是临时性的。一些学生随之转班了，有一些老师暗中主动来接收这个班里学习好的学生，不想要的差学生也往这个班里调。这就使得他们班的状况更加雪上加霜。

没有正式老师来接任石头班级的班主任的局面一直持续到李老师上班为止，这近一年半多的时间，班级的变故让李老师自己也难以接受。所以，她只勉强担任了三个月的班主任，也不干了，于是又出现了临时班主任轮流坐庄的局面。

担任石头班级的班主任享受学校的一个优惠政策，学生的考试成绩不与老师教学业绩——奖金挂钩，班级只要不出现严重的违纪事情，就可以拿到平均奖。

送走上一届毕业生后，退下来的"后进班"的班主任王老师就正式担任了石头班级的班主任。王老师与其他老师不同，他最乐于当这样班级的班主任——省心，用不着为教学的事操太多的心，制服了过分调皮捣蛋的学生就可以万事大吉了。

我知道了石头的学习窘境，一时也陷入不知所措中。

我煎熬了几个晚上，终于下定决心，采用每天晚上检查石头学习的形式，对石头的学习进行查缺补漏，亡羊补牢，不得已而为之吧。

我检查的办法很武断，也很简单。

武断之一是，我根本不看老师让石头做的练习册什么的。

我认为，他的练习册做得对与错，这不关我的事。石头用不着给我解释什么，每天晚上必须保证1～1.5个小时接受我的学习检查、指导。

武断之二是，我也不看石头的参考书什么的，参考书是石头自己学习用的，他看不看参考书是他的事，这与我也没有关系。石头用不着给我解释他需要看书的事，每天晚上，我检查、指导学习的1～1.5个小时一点儿不能耽误。

我检查、指导石头的学习方式很简单，就是依照他上课用的正式课本检查、指导他的学习。而且，我只管主科，其他副科暂时不予考虑。

首先，我对石头要检查、指导的科目一律从课本的第一课开始。对于语文，我按顺序从每一课的课文里挑生词和词组来考他，背写不会的，一个生词、词组罚抄写5遍。下一次重考，生词、词组再不会的，罚抄写10遍。再下一次考，如果还不会，生词、词组罚抄写20遍。

当然，石头抄写不会的生词、词组绝对是不能占用我检查、指导的时间，他只要在我下次检查、指导之前完成就行，至于他什么时间抄写是他的事，不抄写是不行的。

另一个是，对于课本中出现的典型的句子、精彩的句子，我都要挑出来，让石头先死记硬背下来，然后，模仿造出几个句子，意在让石头完成照猫画虎的过渡，在逐渐过渡中完成学习的过渡。

再就是，我按照课本上的每一课的课后练习来要求石头。课本上的课后练习必须全做，能口头做的尽量口头做，少动笔，这样可以节省时间。课本要求背诵的东西必须背诵，要求默写的部分必须限定时间默写出来。课本没有要求的，我也没有要求，就这么简单。

最后一项要求是，石头每天必须在学校里完成一个命题日记。然后在晚上的时间里进行写作点评。我所说的命题是指，我头一天晚上给他提出一个日记命题，他认为行，就定下来，他认为不行，我再与他重新商量，直到找到一个他认可的日记命题，第二天晚上进行写作点评。

比如，我告诉石头，明天你写一篇关于"操场"的日记，要写出自己学校操场的特点来。我让石头写命题日记的目的，是借此来逼迫石头动用自己的观察力、感受力来提高自己的动笔能力。

对于数学，我重点是把握课本上的例题，暂时不涉及课本以外的东西。我对石头的要求是：

第一，课本上出现的例题，必须明白。明白的检验标准，是石头能用自己的语言把课本上出现的例题给我讲明白，让我听明白。

我这样要求的目的，一是可以加深石头对学习的印象，二是可以便于纠正他学习中不懂装懂的现象。

第二，必须对例题的主步骤能背写出来。我始终坚持一点，对课本上的例题明白是一个概念，解题步骤正确、完整地写出来是另一个概念。我这样要求石头，目的是让石头更深刻地理解解题的精髓，把握解题的要点，最大限度地减少解题时的不完整性，消除解题时丢三落四的现象。

第三，对学过的例题必须能做到举一反三，与例题差不多的题应该有明确的做题思路。因为学以致用才是学习的本质要求。我对石头没有真正理解的例题，都要让他再做两三道我针对例题出的举一反三的题，让他巩固对例题的正确理解。

石头做完题，与我进行互动式的讲评。石头明白的部分可以由他为我讲解，我这样要求他，要达到的一个学习效果是加深他对知识本质的理解能力和应用能力。另一个目的是让我能从另一个角度感受一下他对课本知识点的把握程度，为我因人施教找到最佳的切入点，做到每一次学习指导都有的放矢。

我的安排，让石头既感到紧张，而又不敢不按我的要求做。所以，学校一放假，石头就马上带着一堆书回姥爷姥姥家"自我充电"去了。

就在石头要开学的前三天，我为岳父过生日也来到了石头的姥爷姥姥家。

这次，石头显得十分自信地说："爸爸，课本都在这，你问吧。"

看着石头坦然的样子，我相信，石头一定是把课本上的东西看得差不多了。

"今天爸爸有点累了，想躺一会儿，就暂时不问你课本上的东西了，我想看看你的暑假作业完成得怎么样了。"

石头的姥爷在一边发话了："暑假作业你就不用管了，孩子早就做完了，每天早晨我看着他做的，你先躺着休息吧。"

我赶忙对岳父解释道："我躺着也睡不着。我看看石头的暑假作业是想给他把把关，免得他的暑假作业错误百出，上学让老师批评！"

"说得也是，那你就好好看看孩子的暑假作业吧。"岳父同意我插手管了。

石头嘟囔着说："我们老师对寒、暑假作业做不做从来不要求，只要你交钱买寒、暑假作业本就行。你就是做了，老师也不看。"

我立即察觉出，石头的内心思想是在为老师做作业。老师的要求已经在石头的思想里形成了巨大的空白，我必须及时填补这个空白。

我初步的想法是，粗略检查一下石头的暑假作业完成情况，督促他及时完成暑假各科作业。听完石头的话，我立即改变了自己的想法，决定对石头的暑假作业中的每一道题、每一个单词填空、每一个短语分析，等等，都进行认真的审阅、评判。

具体审阅、评判的方法是：使用排除法对石头的暑假作业进行审阅、评判。我把石头做对的题全部排除掉，重点是分析石头没做对的题。归类成为下列三种情况：

第一种情况是，石头会做，是马虎、粗心造成的解题错误。（画圈）

第二种情况是，石头会做一点儿，因某一点卡壳造成的解题错误。（画叉）

第三种情况是，石头似会非会造成的解题错误。（画问号）

针对不同的解题错误，我采取不同的对策进行纠正。对于第一种情况，由石头自己思考、分析，自行纠正。对于第二种情况和第三种情况，由我来与石头共同分析、纠正。我指导石头分析、纠正完错题后，石头再做我出的一两道与纠正题类似的题。这样，石头做的暑假作业终于收到非常好的效果。

这使我认识到，对孩子学习的关心不能停留在形式上，而是要深入进去；不能采用粗放式的块、面的办法管理，而是要细致到点、线上。这样，才能使家长对孩子的帮助一分是一分，帮助一分就有一分的收获，才不会无端地浪费家长的精力和时间，孩子的学习才能收到预期的效果。

五、你说怎么记忆呀

记忆是孩子的一种能力，也是孩子的天分，但是这个能力和天分是可以通过一定的训练增强的，关键是家长要找到好的以及适合自己孩子的方法。

随着石头学习成绩的回归，石头的妈妈也感受到了他的努力。她认定，只要她竭尽全力辅导孩子，石头的学习就一定能上来。

这让我再没什么借口了。我以自己厚重的学习功底，参与到石头的学习中来。

当我与石头之间进行学习上的互动交流时，我发现他的学习反应能力很机敏，理解问题也较快，就是在记忆的问题上浮光掠影，许多应该记忆的东西记忆不下来。他记东西有点像熊瞎子掰玉米。究其原因，是他的脑子多装一点东西就记不住了，形成了学习与记忆能力的不配套，让努力的付出随着时间的变迁而悄然流失。

石头的妈妈十分谅解石头，她说："你可别太逼石头了，他能记多少就记多少，石头就是这个能力了，总不能一口吃成一个胖子吧。他知道上进学习，这就很不错了。他要是稀里糊涂地给你学，你也没有招。"

我觉得，石头如果总是"老牛拉破车"似地、磨磨蹭蹭地去记忆必须记忆的知识点，这是不利于他从落后的状态赶上来的。石头在学习上表现出来的不上进会消磨掉我对他的耐心，我的激情就会打折扣，这也会让我对石头学习的辅导大打折扣的。我当务之急是必须解决石头记忆的问题。

记忆是孩子的一种能力，也是孩子的天分。但我也相信，天道酬勤，孩子的这份能力、天分是能经过一定的训练得以巩固，得以强化的。

古人说"工欲善其事，必先利其器"。我尝试着用一个月的时间来寻找最适宜石头的记忆方法。我的努力终于得到了回报，让石头成功地跃过了记忆的门槛，进入快速学习的轨道。

我的主要方法是，通过趣味思考记忆的方法来强化石头的记忆能力。具体的方法是，一是与石头一起做知识游戏。例如，我和石头一起做填字游戏，我写出八个"日"字，让石头分别添一笔，把这八个"日"字变换成另外八个不同的字。并规定，他能转换出五个以上的字，我就对他进行奖励。

这有兴趣的游戏，让他玩得十分投入。他全神贯注地去想怎么填写。他每填写一个字，都要经过一番思考。尽管他很努力，也只添出了"目、田、白"三个字，最后他只好认输。

于是，我重新写出了八个"日"字，一边慢慢地添，一边大声地诵读：

"日字内部添一横，读作'目'字，是眼睛的意思，也是看的意思。

"日字外部添一横，读作'旦'字，是早晨的意思，也是一年开始的那一天。比如，元旦，就是指新年的第一天。

"日字外部添一撇，读作'白'字，是黑白的意思，也是颜色的一种。

"日字内部添一竖，读作'田'字，一个是姓什么的意思，一个是指种庄稼的耕地。

"日字内部添一出头的竖，读作'由'字，是一个因果词，这暂时不需要你明白，你能用"由于"这词造句就可以了。

"日字内部添一露尾巴的竖，读作'甲'字，是顺序词，是'甲乙丙丁'的'甲'字。

"日字内部添前出头后露尾的竖，读作'申'字，是'申请书'的'申'字。

"日字外部添一竖，读作'旧'字。这很容易理解了，就是'新旧'的'旧'字。"

石头听完，不仅迅速地记住了，而且还能跟自己的小朋友卖弄一番。

为了让石头对一些特殊的词有更深的记忆，我还会让他思考组字。比如，我问石头："两个'口'字组合在一起读什么？"他想了一会儿说："读'日'字。"

"还有呢？"他又想了一会儿，摇摇头说："没了。"

"肯定？"

"肯定没了，我敢跟爸爸打赌。"

"还读'吕'字。"当我把吕字写在纸上的时候，石头争辩说："那不对啊，爸爸写的两个'口'字大小不一样大，这不算。"

"大念'口'，小也念'口'，大小都念'口'，你能读出别的字来吗？"

"爸爸，那我问你，两个'日'字在一起读什么？"

我告诉他读"昌盛"的"昌"字。他又问三个"日"字读什么，我说是"水晶"的"晶"字。他问四个"日"字读什么，我说可能有这个字，也可能没有这个字，这得查字典才能确定。他问五个"日"字读什么，我说这是你瞎编的字，他开心地笑了……通过这种互动的方法强化了石头的记忆能力。

我帮助石头记忆的另一个方式就是充分发挥他的想象力，让他通过形象的联系来强化自己的记忆。比如，我曾对石头说："你能用'门''马'这两个字帮爸爸组一个新字吗？"

"'门''马'是什么意思呀？"

"就是'大门'的'门'字，和'骏马'的'马'字，用这两个字组一个新字。"

石头非常感兴趣地用铅笔在纸上把"门""马"这两个字翻来覆去地组合，最后，他组出一个认为是正确的"闯"字来。

"爸爸，你看是这个字吧？"

"这念什么字呀？"

石头又把字拿回去看了一番，轻轻地摇了摇头。

"你组出来的字，你都不认识，还跟我说什么。"

我说得石头有点不好意思了："爸爸，我去把字典拿来，我查一下。"

石头通过查字典以及我不失时机地对"闯"字的解释，不仅迅速地记住了闯字，而且深刻理解了"闯"字的含义，并能在后来的作文中准确地运用这个闯字。

我的第三个方法，就是让石头从趣味的故事里学会对一些特殊词的记忆。比如，我在给石头讲花木兰替父出征的故事时，顺便为他设一个谜局。

我对他说："传说，花木兰替父出征的时候，发现一个非常有趣的东西，这个东西，晴天有，雨天没有。鲜花里没有，小草里有。摸着有，抓则无。照出来有，洗出则无。"

石头不太理解我说的话，我就说一句，让他写一句，他不会的字自己查字典，直到写出整个谜面。然后，在我的引导、提示下，他一点一点儿地猜，一步一步地接近谜底。

当石头经过自己的苦心思索，猜出这个字就是"日"字时，兴奋极了，简直像获得了一个大元宝似的。不用我说什么，他便不由自主地把"晴天有，雨天没有……照出来有，洗出则无"这些句子默写了一遍。显然，这是他向小朋友显摆的资本。

我趁热打铁，采用同样的方法，让石头写出两个难度系数略有增加的新猜字：

"小路上有，街道上无。鱼池里没有，水塘里有。喊则有，止则无。盆里没，锅里有。"

"眼睛里有，照相则无。自己有，别人无。看着有，找则无。想着有，说则无。"

小家伙经过一番查字典、思考和折腾，终于准确地判断出这两个字：一个是"口"字，另一个是"目"字。石头在收获情趣的同时，也掌握、记忆了许多东西。

石头的记忆能力经过一系列的训练，在不知不觉中突飞猛进，实现了学习与记忆的最佳结合。

这让我体会到，方法、激情、好奇心激活着孩子的记忆。孩子的学习不仅需要习惯性的思维，也需要打破按部就班的模式，要善于训练孩子的个性学习记忆方法。

六、我取不上名次怎么办

家长应该学会利用一切可利用的学习机会，鼓励孩子参加各种学习、娱乐活动，这可以激发孩子的学习热情，使孩子变被动学习为主动学习，从而达到提升孩子学习能力的目的。

一天中午，我问石头："怎么没看到小威找你玩呢？"石头回答说："市里要举行小学生奥林匹克数学大赛、奥林匹克作文大赛，我们老师问我们谁参加，小威要报名参加，所以，他没时间跟我玩了……"

我听到这个消息，立即意识到，这对于石头来说，正是他自我锻炼的一个好机会。参加这样的大赛可以让石头见见世面，另外，这也是一个可以借势提升石头学习兴趣的上好机会。

我相信，如果石头也报名参加这次小学生奥林匹克大赛的话，为了那一份荣誉，他自己就得想办法提高学习成绩，学习的态度就会变被动为主动了，我对他学习的要求加严、加量，也就成了名正言顺的事了。

我隐藏着内心的喜悦问石头："你们什么时候开始报名呀？"

"我不知道，我们老师说了，参加小学生奥林匹克大赛的人每一科要交10元钱的考务费。"

我单刀直入地对石头说："小威都报名了，我给你20元钱，你也报名吧。"

"我班同学们都参加，我就参加，现在，没几个人想报名，我也不想报名。"

"不行，人家小威都想报名参加了，你也不比人家差，你必须报名参加。"

石头的嘴立即噘起来了。

石头向他妈妈求救。他妈妈立即表明了自己的态度，说："行，妈妈同意你看看再说。"

石头走后，石头的妈妈私下对我说，石头参加不参加没什么意思。石头的学习成绩在那摆着呢，再怎么努力也是跟在别人屁股后"打狼"的货。石头真要是报名了，怎么也得准备准备吧。他还累得够呛，忙乎一气，充其量也不过是在考场上比画一下子完事，20元钱只能是打水漂玩了。

我开始与石头的妈妈认真地探讨让石头报名的理由："……我还是坚持让石头参加这次小学生奥林匹克大赛，起码能让他见识一下大赛的阵势，这样的阵势，平时花再多的钱也是体验不到的。多一份经历，对孩子的成长就多一份帮助。最重要的是，这可以促进石头的学习……"

经过反复地探讨，石头的妈妈明白了，很多事情不仅结果重要，过程也同样的重要，某些事情过程甚至比结果还重要。如果石头参加这次小学生奥林匹克大赛，不论是石头的数学考试，还是作文考试，估计都是当分母的。但是，这却能让石头感受到大赛的那种氛围。这实战的一课与淘汰出局相比，其意义要深远得多，也重要得多。

早晨，石头的妈妈明确地告诉石头："你不要管别人报不报名，我给你20元钱。你必须要报名参加市里举办的这次小学生奥林匹克大赛。"

石头嘟囔着说："我取不上名次怎么办？"

石头的妈妈忙着做饭，没工夫搭理他。她朝我递了一个眼神，我立即明白对石头解释的责任落到了我的身上。

"小学生奥林匹克大赛是好学生之间的大赛，在大赛中取不上名次非常正常，谁规定参加大赛的人就一定要取上名次？再说了，你还没有试呢，怎么就知道自己取不上名次呢，万一取上了呢？"

"爸爸，我觉得自己真的不行，我学习也不好，你还是别让我参加吧。"

"你还没有参加考试呢，就不要说自己不行，退一万步说，你实在不行了，也要感受一下大赛的氛围。至少你可以知道什么是小学生奥林匹克大赛，这有什么不好的呢？"

然后我给石头讲了一个小黑马勇获"千里驹"称号的故事（见本书的附录二）。

"爸爸，照你这么说，我能报名参加大赛，就有机会在这次小学生奥林匹克大赛中取得名次吗？"

"我不是说你参加这次小学生奥林匹克大赛就一定能取得名次，而是说你应该认真地去对待这次大赛。努力去争取，肯定就有成功的机会，就有成功的希望。你不敢报名，就一丁点儿机会都不存在，更没有丝毫的希望……"

显然，石头被我诱惑了，他说："要是我报名的话，那我现在就得好好看书了。"

我心想，就你现在这个水平，你以为好好看看书就能在这次小学生奥林匹克大赛上取得名次，哪有那么简单啊！虽然我心里这样想，可嘴上还得鼓励石头："那从现在起，你就认认真真看书学习吧，爸爸全力配合你。只要你在这次小学生奥林匹克大赛中尽力了，能取上名次更好，取不上名次也无所谓，谁也不敢说自己参加大赛就能取得名次。你说是吧？"

石头想了想说："听爸爸的意思，我参加大赛还兴许取上名次呢。"对石头这种良好的感觉，我未置可否，因为孩子的热情就是孩子学习最好的动力。

石头立即以前所未有的热情投入这次小学生奥林匹克大赛的备战中。

石头深信，参加这次小学生奥林匹克大赛的人越少，对于自己决胜越有利，自己取得名次的机会越大。所以，同学们越不愿意参加，石头学习的劲头就越足，越有激情，越有一种成功正一步步走近他的感觉。

石头竭尽全力拼搏了一个月，我也尽自己最大的耐心和努力来协助他学习。

石头自信满满、雄心勃勃地参加了这次小学生奥林匹克大赛，最终，还是名落孙山。

但是，石头在我们眼里虽败犹荣。我和石头的妈妈像迎接一个奥林匹克大赛冠军那样来迎接石头的归来。因为，他在准备大赛的过程中已经完成了一次学习上的大跨越，这比他获得名次更重要。

大赛的结果对石头来说是残酷的。石头自我感觉，这一个多月来，他学习非常刻苦，几乎竭尽了全力，从来没这么辛苦过，也从来没这么累得要趴下一样。他掌握、巩固了许多高难度的知识，学习能力上升了一个新层次，但是，他还是失败了，他的心里很不是滋味。

我打趣地对他说："石头呀，不是我们的努力程度不够，也不是我们无能，而是我们的对手太强大了。就是把你们学校的全体老师都拉上去考，也得全军覆没呀。"

石头笑了。孩子的学习能力是点点滴滴凝聚而成的，有学习上的量变，才可能有学习上的质变。

七、反正我明天想上学

家长要善于针对孩子的特点，对孩子实施最有
力度的效果教育，才能帮助孩子扬长避短，真正把
孩子的思想转到学习的正轨上来。

石头过度的活泼和好动的性格，没少给老师添乱，甚至影响到了他在学
校的学习。

我们每天上下班路过石头学校的门口时，经常能与石头的老师在路上打
上一个照面。石头的淘气行为常常成了老师与我们沟通的话题。好面子的石
头的妈妈回到家里，常常气得对石头大喊大叫："你上课不闹不行吗？看看
能不能憋死你……"

面对石头的屡教不改，石头的妈妈十分无奈地承认，石头的淘气劲是
属猪的——记吃不记打。我觉得，这是石头过去在班级没有确定班主任的
情况下，长期放任自流后养成的不良上课习惯留下的顽疾，能不能改变过
来，石头自己的觉悟是最重要的。我们着急没有用，这也不是打两下就能
解决的事。

我的观点是，既然石头特别淘气已经是事实了，就只有耐心面对，慢慢
改变。急功近利不行，拔苗不一定能真的助长，心急是吃不了热豆腐的。

当然，我这种慢慢来、打持久战的想法，受到了石头的妈妈的指责：

"你就是一个护犊子的大面瓜，管不了孩子还护着孩子……"石头的妈妈把对石头的气，一大半儿撒到我的身上，仿佛找到了石头知错不改的原因，根就在我这儿，我被夹在了中间。

但我不能再把气撒到石头的身上。如果这样做的话，极容易适得其反，会加剧石头的逆反心理，弄不好会引起他破罐子破摔的心理，这非常不利于对石头的教育。

我深知"十年树木，百年树人"这个道理，知道对石头的教育是一个慢工夫，需要耐心，更需要沉住气。石头自我认识需要一个过程，想要取得进步也需要一个过程。当别人都沉不住气的时候，我必须得沉住气。我坚守着一个策略：对石头不能随便乱使威严。严厉要用到最关键之处，要用到刀刃上。这样，才能起到"弓拉满月引而不发——威风常在"的效果。

石头的妈妈对石头频频施威严，最后，石头被她管得"免疫耐受"，整天一副满不在乎的样子。最后，她也没办法了，终于从一个极端走向另一个极端，无计可施地对我说："石头爱怎样就怎样吧。我算管不了了……"

也许是学校老师认为石头是"朽木不可雕"吧，班主任对石头的淘气行为能忍就忍了，这也让石头更顽皮了。他在学校是大错误少犯，小毛病不断。

要让石头端端正正地、像模像样地听完一堂课，简直得憋死他。他以前上课时养成的一些不好习惯，使他在一节45分钟的课堂上最多能认真听十几分钟。剩下的时间，一般情况下，只要石头对老师的讲课和其他学生的学习没有太大的妨碍和影响，老师也就睁一只眼闭一只眼，顺其自然了。

在老师眼里，石头就是控制力太差了，相同的错误他是犯了就改，改了再犯。老师批评完，好个一两天。过后，他又恢复到原来的样子，让老师有一种"恨铁不成钢"的感觉。

为了防止石头干扰上课秩序，班主任把石头的座位调到了紧挨着讲台讲桌的位置。别说石头玩，就是在本子上写字，老师在讲台上也能看见。

理由是，石头不学习也就罢了，不能因为他，把别的孩子也搭上……

把石头调到前边，目的是让他失去说话的对象，时刻处于老师的监督之下，制约他在课堂上有出格的行动。

另外，老师还给了石头一个特权：上课的时候，只要不影响别人，只要不乱跑，自己爱怎么玩就怎么玩，爱看什么书就看什么书，这叫压力自我释放，避免一条烂鱼搅得满锅腥。

从对石头座位的安排，我既懂了班主任的苦衷，也懂了老师对石头学习的无奈放弃，更感到了自己肩上的责任。

我知道，面对石头如此的处境，当老师要放弃他的时候，家长不能放弃，石头自己不能放弃，这样他才有希望。我必须千方百计地激发石头的学习兴趣，让石头自己树立起自信心，他才能在逆境中奋起。

我与石头谈了多次，反复与他探讨一个核心问题——上课的时间问题："不管你想学还是不想学，每一节课你都必须在座位上坐满45分钟，为什么不认真利用好这45分钟把应该学会的东西学会呢？……学习就是一件受约束的事，要想学点什么东西必须约束自己才行。"

经过多次的交流沟通，石头终于明白了这个道理，但是以前他上课时养成的一些不好的习惯还是身不由己地使他明知故犯。我为了让石头对学习与玩有一个刻骨铭心的认识，一咬牙，一跺脚，为石头请了一次连休假。

经过星期六、星期天的休息后，星期一我没让石头上学，让他在家里尽情地玩。这对于他来说并不轻松，因为星期六、星期天休息时，我以种种的理由限制了他下楼去玩，已经把他憋得够呛了。星期一，小朋友都上学去了，我给了他玩的最大自由。但是，他找谁也找不到，楼前楼后空空荡荡的，他呆得无着无落的。我不允许他看任何书，只允许他单纯地玩，除了不能上房揭瓦等外，玩什么都行。外边的天气又阴沉，家里静寂无声，我又极度保持着静默，煞有介事地干着自己的事情，对他只是监督，无半点儿的来言去语。他转来移去的，不知道怎样呆着好。

我严格把握着时间。到了学校放学的时间段里，我总是用事先定好的理由限制他外出，有意识地切断了石头与可能出现的小朋友之间的联系。这让他过得没滋没味的，那种百般难受的感觉在石头的身上体现得淋漓尽致，他在无奈的百爪挠心中度过了静默的一天。

星期二，我还是如法炮制，石头有一种要憋疯的感觉，那种心神不安痛苦地折磨着他。我窥测到了，也感受到了他心中的那种窒息。我放下自己手中的事情，开始装模作样、寸步不离地陪着石头玩。石头心不在焉，玩也是玩一会儿就没意思了。上学成了石头心中的一种美妙的感觉，强烈地诱惑着他。石头开始与我商量上学的事。

我对石头说出自己"内心"的想法："既然你不愿意学习，那你就这样每天在家里，我们家的条件虽说是不富余，还是能够养活你，等你待到18岁的时候，可以自己出去打工挣钱。我再给你买一个三轮车，就像大街上蹬三轮车的那样，愿意蹬就蹬，不愿意蹬就在家里待着，没钱了就出去蹬一会儿，挣来钱了就回家待着，天管不着，地管不着，这不挺好的吗？"

石头没心听我的唠叨，嘟囔着说："反正我明天想上学。"

"不行，坚决不行，我丢不起那个人！"我疾言厉色地说出了自己的决定。

面对我的拒绝，石头眼睛瞪得比牛眼还大，恨恨地直咬牙，砰的一声，甩门回到自己的房间去了。

任石头甩门，我也不予理睬，任由他去，我是不温不火，静观其变。

下午4点20分左右，他开始以表决心的方式来请求我让他明天上学。我说什么，他都认真地答应。我说："那行，我再给你一次机会，同意你上学。但是，你必须现在就去看书，按着课程表把你落下的课自己补上，否则的话，是不行的。"

听完我的话，石头如获大赦一样，满脸的欢颜，急忙跑进我的卧室把他的书包拎到自己的房间里去学习了。

为了让石头在每一节课都能有真正的收获，我与石头建立了一个约定，每一堂课，他必须保证给我认真听一二十分钟的课，剩下的时间，只要不影响课堂纪律，他爱干什么干什么。这就叫承认各自的特点，不回避。

当然，我对石头的听课要求是：

第一，老师讲新东西时，一定要听，力争一次性听明白、搞清楚。

第二，第一次没听明白的东西，第二次老师重复讲的时候一定要听明白。

第三，老师重点强调的东西一定要听明白，力争在课堂上记下来，实在记不下来的，能记多少记多少。

第四，自己不会的东西，老师讲的时候，一定要听，能记下来的记下来。

我对石头特别强调：学习时间不在于长短，重在学习效果。石头懂得了在精力集中的时刻，听老师讲关键的内容。这为石头的循序渐进学习打好了坚实的基础。

半个学期下来，石头的考试总成绩一下子提高了50多分。石头的班主任惊愕地说："这淘小子还真有学习的天分。"

石头进入初中后，我更加用心，陪他一路前行。这为他日后考入省重点高中尖子班夯实了坚实的基础。他在高考中，如愿以偿地考上名牌大学的国防生，在部队的资助下，完成了大学学业，成了一名有专业技能的军官。

我的家教经

一、我明天再做行吗

在家里，督促孩子及时做作业和复习功课，这
是孩子巩固所学知识的一个重要手段，也是督促孩
子持续学习的一种重要方式。

从孩子完成作业的形式来看，每个孩子做作业的过程基本差不多，都不
会偏离做作业的基本要求。但从孩子完成作业的心态来看，就有很大的差别
了：一种是，孩子主动完成作业，在完成作业的过程中融入自己的思考，这
属于积极进取心态；另一种是，孩子被动地完成作业，在完成作业的过程中
不能进入专心致志的状态，这是被推着走的心态。

孩子主动完成作业与被动完成作业时，即使结果是一样的，学习收获也
是不一样的，在大脑皮层里留下的记忆也是不一样的。这种潜移默化的影响
就是，会导致孩子形成不同的学习能力。

从完成作业的效果上看，孩子主动完成作业是一种积极的学习，积极的
学习效果自然要比被动的学习效果好。孩子投入激情去做作业，在相同付出

的情况下，就可以获得相对大的收获；如果孩子没有激情的投入，只是为了完成作业而完成作业，在相同付出的情况下，收获就会小一些，甚至会颗粒不收。这也是学习好的孩子与学习差的孩子形成学习差距的重要原因之一。

家长用自己的耐心引导孩子每一次做好作业，就可以激发孩子的学习热情，使孩子用最短的时间付出，最小的精力付出，获取最大的耕耘收获。日积月累，彰显出来的就是，家长在用自己的爱打造一个学习好的孩子。

我的体会是，在孩子做作业时，关注孩子做作业的学习过程、学习效果，这比关注孩子完成作业的形式更重要。孩子真正做会一道题，比孩子糊糊涂涂地做10道题更有意义。

石头的天性是快乐地成长，快乐又多表现在贪玩上。在石头的选择中，他的第一选择是玩，第二选择是看动画片，最无奈的事是做作业。在做作业的问题上，由于石头的妈妈对石头的宽容，使他养成了完成作业拖拉的习惯。

在石头的姥爷姥姥家时，如果老师留的作业第二天上学时要家长签字，石头上学之前总还能把作业好歹做上；如果老师留的作业第二天上学时没要求家长签字，石头是能不做的就不做，能拖过去的就拖过去。石头转学后，老师对学生的作业是每天必留的，但老师从来不检查，更没有让家长签字之说了，这就为石头偷懒提供了最好的庇护条件。

石头的妈妈监督石头做作业时，石头惯用的小伎俩是，他刚要做作业的时候，不是这儿有点不舒服了，就是那儿有点不对劲了。石头的妈妈就会以一种宽厚的心允许石头今天不想做的作业推到明天再说。

石头的妈妈宁可石头学习拉下一点儿，也不想让石头累着。她的理由是，石头正是长身体的时候，白天上了一天学也挺不容易的，孩子不想做作业就不做了，孩子学习好与坏也不差在多做一道题、少做一道题上，让孩子歇一歇，有个好身体，有个好心情，这比什么都重要。

在石头的妈妈的概念里，有极大宿命论的成分，她认为："孩子聪明与笨，这不是学出来的，这是天生的。如果不是聪明的孩子，怎么学也不会开窍的。孩子的聪明与愚笨，也不是努力学习就能改变的，家长强求也没用，太难为孩子了。"

当我从石头的妈妈手里接过监督石头做作业的接力棒后，随着对石头学习的深入关注，我才意识到，在做作业问题上对石头的懈怠宽容，就是对石头学习成绩落后的最大放纵。石头今天学习丢一点儿，明天学习落一点儿，积少成多，还想让他学习好，这才真是难为他了。

石头今天不想做作业就推到明天，他今天说完就算过去了，到了明天，自然就把还有今天作业的事忘掉了。即便是有家长提醒，基本上成了不能兑现的欠账。结果百分之百是"NO"，不会有"YES"。

我经过耐心、细致地追踪发现，如果允许石头今天应该做的作业推到明天再做，到了明天再要求石头兑现许诺，难度更大，不论家长怎么费尽口舌，百分之八九十都是不了了之。因为到了第二天，完成第二天的作业也需要时间，石头是不会让你占用他做作业的时间给你补欠下的账，他可以用慢慢做作业的方式，把你的要求拖"黄"。

即使我识破了他的小把戏，也是干着急，一点儿办法也没有。我不可能让石头放弃新的作业去补旧的欠账，因为时间不允许、孩子的精力不允许，旧的欠账只能拖下去，拖的结果只能等到石头"有时间再做"。最终，只能等到猴年马月了。

我研究分析的结果是，石头逃避做作业，主要有两种情况：

一种情况是，石头对老师留的作业做着费劲，有一定的实际困难，自己对做作业失去了耐心，只好当着家长的面推到明天再说，到明天，也就不用再伤脑筋去想了。明天自有明天的作业，实质上，这就是名正言顺地把不想做的作业彻底放弃了。

另一种情况是，石头对老师留的作业根本就不想做，在他妈妈的眼皮底下，他不敢直接说不做，他得为自己找一个开脱的理由——"我明天再做"。到明天，明天有明天的情况，他不想完成的今天的作业也就一了百了了。

我上阵后，遇到第一种情况时，坚决避免对石头说类似于"这么简单的题你都不会做，你在学校学什么啦？""你怎么这么笨呢！"等话，而是耐心地告诉石头，谁都有不会做的题，如果你什么都会了，老师是不会留作业让你做的。正是因为你不会，所以，老师才留作业让你做，只有通过你自己努力地做好作业，才能把不会的东西变成会的东西，才能懂得更多的东西……

鼓励石头树立自己能行的信心，让他相信，只要自己学，就一定能很好地解决学习中的问题。

我认为，石头做作业时，热情鼓励石头保持学习的耐心，这是非常重要的。他耐心地对待学习中的困难，就一定能找到战胜困难的办法，也一定能收获战胜困难的喜悦……但是，耐心不等于能力，也不等于靠自身的力量就一定能战胜所有遇到的困难。在石头遇到过不去的坎时，我及时给予石头必要的帮助，这也是对石头学习非常关键的支持。

石头做题遇到不会解的题时，我一般的做法是，让他先做自己会的题，回过头来再做这道题。这样，既可以不影响石头的学习思维情绪，也可以为我赢得足够的思考时间，使我能够拿出最佳的解决方案对他提供最佳的帮助。另外，对于石头做作业，我会耐心地为他答疑解惑。

我处理的原则是，一定让石头将遇到的问题一次性地解决。当天的问题当天解决，一定不要过夜。因为，孩子每天的学习是一环扣一环的，哪一个学习环节都要让孩子透彻地理解和掌握。这样，孩子的学习才能一路走得顺畅。

对待第二种情况，我采取的办法就是釜底抽薪：限定石头玩的时间，留出他当天必须完成作业的时间。用家长权威的支配调整能力，来平衡好石头学与玩的关系。

孩子的天性决定了孩子需要快乐地成长，玩是孩子健康快乐成长的维生素，孩子必须有一定的玩的时间，玩可以锻炼孩子的体魄和智慧。但是，孩子因为玩，误了学习也不行。因为孩子的学习毕竟是决定孩子未来的关键要素，玩必须与学相辅相成，才能相得益彰。孩子可能处理不好学与玩的关系，也把握不好学与玩的关系。家长有责任协助孩子处理好学与玩的关系。

我也承认，孩子认认真真地做好老师留的作业确实很辛苦。如果家长因为"爱"，在学习的问题上对孩子过分地宽容，孩子很容易在学习上有欠账，更容易助长孩子学习上的惰性。稍有不慎，孩子就会输掉学习。

原因很简单，孩子在学习上，每一天都有每一天的学习任务，都有每一天的学习进度、深度的要求，孩子做作业是消化当天所学文化知识的重要手段之一，是熟悉、掌握、应用所学知识的一个重要过程，这忽略不得，也省略不得。孩子如果经常不完成作业，这是学习的大忌。

在孩子做作业的问题上，我主张，今天的作业必须今天完成，今天的问题必须今天解决、解决彻底，这对于孩子来说虽然残酷了一点儿，但这有利于提升孩子的学习能力，养成孩子良好的学习品质。

二、爸爸，我做得对吗

　　解决孩子在学习中出现的问题，必须对症下药、有的放矢，对孩子学习的辅导才能达到事半功倍的效果，才能在辅导孩子学习的过程中最大限度地利用好有限的学习时间。

　　我对自己在小学里学习的印象非常深，好像小学基本没有什么东西可学，很多东西长大后，自然就会了。我习惯性地用自己的陈年旧经验来推测石头的学习，所以，对石头的文化学习掉以轻心了，认为差一点儿无所谓，只注重关心石头怎样做人，认为这才是最重要的。

　　可能是我太自信了吧，我一直坚持认为，石头在小学里学习的东西再难，对于我来说，也是易如反掌的事，我完全可以轻而易举地全面辅导石头的学习。我想了解石头对所学知识的掌握程度，只需通过查检他所做的单元练习情况，细心地分析一下，就可以了解一个大概。

　　我深信，石头对自己所学习知识的熟练掌握程度，一定会在他做题的过程中反映出来。石头的解题速度，做题质量，完全可以直观地反映出他对所学知识的理解程度，熟悉掌握程度，他到底学会没学会，他遇到的学习瓶颈到底在什么地方……所以，我对石头在做家庭作业时表现出来的一星半点儿的差错并没有在意。让我没想到的是，"千里之堤溃于蚁穴了"。

当看到石头六年级第一学期的数学考试成绩单时，我有点傻眼了。我怎么也没想到石头的数学考试成绩只有60.5分。我看着数学试卷上的题，我觉得，石头怎么也应该95分以上，绝不应该差这么多。我仔细分析了一下这张数学试卷上石头做错的每一道题，针对每一道题做错的原因，与石头进行了详细的探讨。

结果让我很吃惊：错误原因是，石头会的题没有答全、答对，丢三落四的，把会的题答得"缺胳膊少腿"，分都丢在了细枝末节问题上；一道很难的应用题，他费劲地做完了，也做对了，却忘了写答，忘记了写单位，白白地丢掉了唾手可得的2分。

更可气的是，有一道数学应用题，是关于用布裁制服装的题，大意是用一匹长布剪服装……问这匹长布一共可以制多少套完整的服装。他算出的结果也对，等于9.8，经舍取，应该是9套，这才是正确的答案。石头可倒好，他又把等于9.8继续脱式为：约等于10（套），然后，写上答案：可以制10套完整的服装。结果这道12分的题，他只得了2分。他还固执地认为，是老师判错了，少给他分了。他跟我探讨的时候，还坚持9.8就应该四舍五入等于10。我以为他不懂一套完整的服装是什么，一问，他还懂，这不能不让我生气。

石头的整个数学试卷这儿不经意地丢一点儿分，那儿缺三少四地丢一点儿分，一下子就把必得的30多分丢光了。

我这才意识到，石头的数学考试出现这样的局面，不是他一时发懵的结果，也不是一时马虎的结果，而是粗心日积月累的结果。

要想让石头学会在考试的时候，会做的题一定做对，该得的分不丢，就必须从石头的日常学习开始纠正。

我利用一周时间，对石头每天校内、校外做的数学作业进行了有目的性的检查。我通过仔细地分析、研究石头的做题过程、做题结果及做题速度的变化情况，清晰地摸准石头在三个方面存在问题：

第一个方面的问题是，石头对自己所学知识的理解程度、掌握程度存在着细节上的模糊，是真明白里夹杂着假明白，在一些细节问题上较起真来，就会暴露出他对所学的知识还有糊涂的地方。

第二个方面的问题是，石头对所学知识涉及的重要概念的理解程度和熟练的把握程度还存在着问题，在应用题里拐一个弯，换一个说法，换一个角度，换一个提法，他理解起来就显得有些吃力。

第三个方面的问题是，石头对所学知识的各个知识点之间的联系、综合应用能力缺乏必要的训练，也就是说他对知识点缺乏贯通灵活运用能力，在知识点的衔接上存在着问题。

想尽快地解决石头在学习中出现的问题，就必须对症下药、有的放矢，对他的学习辅导才能达到事半功倍的效果，才能在辅导他学习的过程中最大限度地利用好有限的学习时间，让他以最少的付出学会和掌握更多的知识，最大限度地完善和提高他解决综合问题的能力。

我以石头"会做的题就要做对"为核心，明确了"会做的题就要做对"的概念：

第一，解题的过程要正确；第二，解题的步骤要正确，不要丢掉重要的步骤；第三，解题的结果要正确，不能丢三落四；第四，应用题的单位要正确，单位只能在解题过程中省略，在结果中不能丢，这是唾手可得的得分点，也是极易失分的痛心点。

当石头对"会做的题就要做对"的概念反复理解，熟记在心后，我又对石头在家里做题的情况采用了两种掌控策略。

一个策略是，学校老师管的题，如课本上涉及的例题，我原则是以学校老师为主，我基本是挑石头学习的重要问题管，一般的问题，我是不会管的。因为我的时间有限、我的精力更有限，石头通过别的方式能解决问题就不能再浪费我的时间。如教科书上的例题，老师一定会在课堂上详细讲解的，用不着我再多此一举。另外，就是石头带着疑点问题听老师讲解题，听课的效果会更好。

对于石头的妈妈那种让孩子多听一遍也没坏处的想法，我是不赞同的。我坚持认为，如果石头能休息好，这比让他重复听一遍他会的题的讲述有意义。从珍惜时间的角度来说，没有必要的重复学习是最划不来的事。重复地听一个东西是可以加深印象，但是，也容易因为熟悉而掉以轻心，起到负面的作用。很多时候就是因为太熟悉了，而无法描述清楚其细节，只能是茶壶里煮饺子——倒不出来。知道了1加1得2，再听100次1加1得2的讲解，也不会有太多的收获，只会浪费宝贵的时间和精力。在孩子有限的学习时间内，如何抉择得与失，这也是如何有效学习的问题，只有处理得好，才能让孩子成为最大的学习受益者。

由于石头的妈妈不再具体辅导石头学习，所以，她的主张自然就成了参考意见，我具体地辅导石头学习，我的观点自然成了督导石头学习的主导意见。

我所谓的挑石头学习的重要问题管，是指我会采用走马观花的方式浏览学校老师管的题，把石头重复做错一类的题挑出来。然后，通过对这一类题的反推，解决这一类问题所涉及的知识点及知识点之间的相互关系。一切准确定位后，再进一步查清这是石头对概念不理解产生的错误，还是对公式掌握的错误……最后，有针对性地对石头的学习进行重点辅导、查漏补缺。

在时间不允许的情况下，我对石头在做各类习题中偶然出现的错误是可以既往不咎的。石头在做习题中偶然出现的错误，完全可以由他自己去纠正。如果石头在做题中出现的错误是经常性的错误，不论这个错误本身大与小，我都必须追根求源。因为这时不追根求源，是不能解决好根本性问题的。如果我对石头只是依题说题的话，充其量只是头疼医头，脚疼医脚的事，收效不会太大，并不能从根上把问题彻底解决掉。

如果我把石头学习的事全都寄托在学校老师的身上，一切都指望老师来管，就是老师有百分之百的热情，有百分之百的责无旁贷，也没这个精力。一个班级几十号人，老师即便有三头六臂，也不可能对每个学生的学习都能做到指导到位的。老师只能是统领全局，点到为止。

人们常说，发现问题，也就等于解决了问题的一半。我对这句话的理解是，发现问题，这在一定程度上也就等于找到了解决问题的途径。我通过专挑石头学习的重要问题管，这不仅减轻了我提携石头学习的压力，而且明确了我指导石头学习的目的性，保证了有的放矢的效果。

我的另一个策略就是，重点检查石头做了，但学校老师不讲解的典型题。对于这样的习题，只要是石头做完了，不论他是在学校内完成的练习，还是他在家做的家庭作业，我都会一道题都不丢地为他检查。当然，为节省时间，突出重点，把握重要的环节，我检查的重点是不一样的。我重点是看石头解题的思路，解题的推理过程，重点的解题步骤。往往忽略的是数字的脱式运算和得数是否正确的结果。

我这样做，既看了解题过程，看得快，又省时间；既把握住了孩子应该掌握的知识点及各知识点之间的联系，又突出了重点，还便于及时为石头提供高效率的学习帮助。

当然，我这样做，也有一个弱点，那就是对石头做题结果——得数的正确与否难以做出判断。

石头经常面对一道复杂的运算题，看我检查完，就问："爸爸，我做得对吗？"

　　我认为没问题的时候就会对他说："思路、解题过程、解题步骤都没问题，如果你解题时数字运算没错误的话，我想应该没问题。"我只肯定石头对自己所学知识点的掌握及熟练的运用能力，不负责检查石头重复性的数字运算操练结果。石头必须对自己的重复性的数字加减乘除法的操练结果负责。我实在没有更多的精力管这些。

　　当然，石头平时做的题与考试做的题是两码事，我对石头的要求也有所区别。石头的试卷不论是小考还是大考，每一道题我都要细致到结果，这是真枪实弹的操作，只有我的高度重视，才能引起石头的高度警觉和注意。

　　在试卷答题这个环节上，我让石头明白一个问题：如果你在考试中，一道题做了，但没有做对，这与你不会做这道题的结果是一样的，与你没有做这道题的结果也是一样的。甚至还不如没做，没做，你还节省了宝贵的考试时间，用到别的地方。那种"虽然我做错了，但我好歹还做了，你还没做呢"的想法与说法是一种严重的错误。靠运气得分，这是考试中的大忌。

　　我让石头清楚一点：考试看的是结果，肯定的也是结果，不看做题的思维过程，也不肯定做题的思维过程，可能你在做题的过程中付出很多，做得也很辛苦，但是，你做错了，结果和没做是一样的。

　　我要求石头考试时必须贯彻好一个原则：考试的时候，不会做的题可以不做，放弃不会做的题可以为自己赢得做其他题的时间，会做的题一定要做对，只有做对了，才是得分的关键。

　　会做的题一定要做对，主要指大题，解题过程要正确，步骤要正确，关键步骤不能丢，解题的结果要正确，单位要正确。这对石头来说的确要有一个操练适应的过程，不能是一蹴而就的事。我所努力的目标就是，让石头在实战中能确实这样做、掌握好。例如，我针对石头的数学试卷，对"会做的题一定要做对"提出的具体要求是：

填空题。这类题要求的只是结果。这类题的特点是好做，心算加简单的笔算就可以完成，要求是细心，别粗心。做这类题消除错误所采用的方式是，尽可能用两种不同的解题办法来相互验证结果。因为正确的结果是唯一的。对于不能采用两种不同的解题办法来解题时，可以采取逆推的方式，通过条件再现的办法来解决。

应用题。这类题要求的不只是结果。这类题的特点是，列式要正确，代数要准确，解题的主要步骤要全。即使再容易，心算加简单的笔算就可以完成的，也要保证解题步骤的完整性。对于这类题，已知、求、解、答、关键解题步骤一个不能少。

运算题。这类题主要强调的是公式运算过程的准确性、正确性和完整性。特别是脱式运算过程，主要的步骤、脱式步骤不能丢……石头在这个环节上容易失分，在于他脱式运算过程中，容易把小数点点错了位，在数字的合并过程中出现数位之间的串位。解决方法就是，在自己把握不准的情况下，时间又允许，可以采取逆算的方式进行检查，而不采用重新再算一次的方法检查自己解题运算对不对，受思维惯性的影响，这很容易犯同样的错误，如果重新运算一次得出的解题结果和第一次不一样，也无法准确判断出第二次运算结果就一定是正确的。

石头在考试中掌握了"会做的题一定要做对"这个原则后，在他解题能力、解题水平尚无多大改观的情况下，考试失分现象有了一个非常明显的改变，得分的能力大大上了一个台阶，考试成绩有了明显的提升。

三、引导孩子吐露心声

家长只有尽一切可能读懂孩子的内心世界，才
能更好地达到与孩子之间的教育互动。

石头已经是小学三年级的学生了。也正是这个时候，我调入公司的销售
部门工作，特殊的工作性质使我没时间顾及石头的学习了。

我唯一能做的就是，有时间与石头碰到一起时，尽一切可能读懂他的心
思，透过他的心灵天窗，了解他的内心世界。

可能是石头怕我吧，我们之间的谈话是，我问一句，他答一句。

我问："你最近的学习情况怎么样？"

石头说："还行吧。"

我问："你的作业都完成得怎么样了？"

石头说："老师留的作业我都做了。"

我问："你作业都做对了吗？"

石头说："我感觉做对了。"

我说："你凭感觉不行，做题对就是对了，错就是错了。"

石头说："我们老师不改家庭作业，我也不知道自己做对了，还是做错
了，反正是我感觉做对了……"

我无奈地说："那你把作业拿来，我给你看看吧。"

石头拿来他的作业。我接过石头的作业，一道题一道题地给石头看作业，耐心细致地为他纠正作业中的错误，这也成了我与石头之间有限的交流。我想了解石头内心世界的美好愿望，往往就这样落空了。

我与石头的交流，不能只停留在偶尔给他看作业上，最重要的是监督他怎样做人，把握他成长的大方向。

经过反思，我明白了，我被石头挡在心灵之外，是因为我太居高临下了，石头对我产生了敬畏。我必须以石头大朋友的身份走入他的生活，走入他的感情世界，才能与他进行有效的心灵沟通。

于是，我开始换一种亲昵的方式与石头进行同级的沟通。

首先，我不再把眼睛只盯在石头的作业上。我开始为石头讲述我在外面遇到的新鲜事、趣味逗乐的新闻以及生活中的一些小故事。我用儿童的话语为石头讲述外面的世界，一方面可以开阔他的视野，让他从好奇中对求知保持一份激情；另一方面可以激励他努力学习，把说教融入他听的故事中，达到潜移默化的教育效果……

最重要的是，我会耐着性子、沉下心来，保持着热情，全神贯注地听石头讲他们学校里发生的鸡毛蒜皮的事，让自己的情感融入他的情感世界里，在石头情感的飞扬、宣泄中达到与他心灵上的沟通。

听孩子讲自己的琐事，可以体现家长对孩子的尊重，让孩子意识到他的重要性，这可以提升孩子良好的自我感觉，增加孩子的自信心，促进孩子自我意识的完善，使孩子对生活的探索和把握更加趋于理性化。这样，孩子在成长的感性世界里，就会多一份自我把控的调节能力。

随着我与石头进行心灵沟通技巧的日趋完善，我每次出差归途时，都会把在家休息的这三四天时间筹划好。这样我就可以更好地与石头进行心灵互动了。

第一天，我会保持热情和耐心听石头讲他们学校里发生的鸡毛蒜皮的事，听他与同学之间的琐事。我会使用一切方法，让石头把知道的事情说尽，把想说的话说尽。在石头讲述的过程中，不论他说什么话，我都不会打断，确保他说得尽兴，一切以最愉快的方式结束。

当石头上学的时候，我会为他检查家庭作业。我检查的时候，会尽可能地把握好每个细节，让每一次的检查都会有收获。石头回来的时候，我会以最大的耐心和热情辅导他，为他的学习提供有效的帮助。

第二天，我会让石头把他前一天的情况，以说豆腐账的方式进行详细的回忆，由我从时间的节点上，对回忆不到位的地方或者是没有说到的地方进行提问，直到形成一个完整的链条。

我通过听石头对自己一天的学习、玩的过程的完整回忆，更清晰地窥探到他的内心世界，读解他的内心世界。

第三天，我会利用石头上学的机会，依据第一天、第二天的情况，通盘对他的心理情况和学习情况进行综合的分析，需要帮助石头的，找出问题点；需要肯定石头的，找出鼓励点，通过让石头心悦诚服的方式为他提供最佳的教育和帮助。

四、尽在掌握中

让孩子感觉家长对自己校内、校外的行为表现无所不知、了如指掌，迫使孩子对自己的行为形成良好的自我约束力，对孩子更好地学习能起到无形的促进作用。

··

　　我的生活阅历、经验告诉我，如果一个孩子确信自己在学校做的任何一点儿事怎么也瞒不过班主任，自己做的任何事情班主任都能知道的话，那么，对于这个孩子来说，他在学校做学习以外的事情时，在他的思想上、在他的内心深处，就会潜意识地受到一种无形的约束力，而且，这种无形的约束力会非常有效地形成他的自觉约束力。他做一些事情时，那种随心所欲、不计后果的冲动就会受到制约，就会自觉地在规矩允许的范围内做事情。这种无形的约束力就能非常有效地约束这个孩子，使他在学校不会做出出格的事情来。

　　同样的道理，如果一个孩子在校外做的一切事情，家长都能通过种种渠道知道，孩子不论怎样地瞒，也不能规避家长知道，而家长又有足够的威严，那么，对于这个孩子来说，这种感觉会对他的行为举止形成非常有效的、无形的约束力。这个孩子在校外做事情、玩的时候，那种随心所欲、不负责任的行为也同样会受到这种无形力的制约。

　　在现实生活中，家长是不可能，也没有那么多的精力把孩子在校外做的一切事情都了解得一清二楚的。更多的时候，孩子在校外做的很多事情，家长并不知道。

　　特殊的情况是，孩子在校外做的一些事情，并不怕家长知道，却担心老师知道。比如说，孩子在一起，取笑某一个自己心里厌烦的老师，这件事即便是家长知道了，家长也只是批评批评而已，一般是不会深究的。如果孩子取笑某一个老师，让这个老师知道了，一般是要孩子有一个说法的。

　　同样的，孩子有时在学校做的一些事情，并不怕老师知道，但最怕家长知道。比如说，孩子旷课上网吧，老师知道了只是一顿臭训而已，充其量是写一写检查。这样的事如果让家长知道了，可就麻烦大了，望子成龙心切的家长不把孩子教训一下才怪呢。

从老师与家长之间相互承担的责任来看，如果老师对孩子的无形约束力与家长对孩子的无形约束力能合二为一的话，那么孩子所感受到的无形约束力将不是一加一等于二的关系，而是大于二，等于三、等于四的关系。

实际上，从老师的角度来说，每个班主任每天所面对的是几十个孩子，甚至更多，家长想从老师的角度来实现对自己孩子无形约束力的一加一的重合，是不切实际的。

从家长的角度来看，虽然家长只面对自己的孩子，但要实现对孩子无形约束力的一加一的重合也是不可能的，因为家长不可能整天跟在孩子的屁股后面盯着。

谁都不可能对孩子的校内、校外表现了如指掌，但是，家长的独特优势在于，家长可以为孩子造成这样一个错觉：让孩子感觉家长对自己的校内、校外行为表现无所不知，感觉也是一种方法。

为什么这么说呢？因为只要家长善于与老师沟通的话，每个老师都可以成为家长的眼睛。同样，只要孩子的同学、小朋友对家长熟悉、信任的话，与孩子在一起的每个同学、每个小朋友也都可以成为家长的眼睛。从这两点上来说，每个家长只要有付出，就可能得到回报。

对于孩子来说，如果自己的家长经常到学校去，老师、同学把自己在学校的表现情况及时告诉家长，这就没有什么值得奇怪的了。每个孩子都理解这一点，再笨的孩子也不会理解错。这就会迫使孩子对自己的行为形成良好的自我约束力，与学习无关的随心所欲，表现在一定程度上就会受到自我约束力的制约。这对孩子更好地学习就能起到无形的促进作用。

五、把握物质，转化为孩子的能力

孩子快乐成长的含义是多层次、多方面的，是社会的，也是家庭的，更是诸多因素的组合和有效作用的结果。

对于每个家长来说，在追求孩子快乐成长、健康成长的过程中，最重要的一点就是如何培养孩子的能力，有能力的孩子才能成长为优秀的人才。当然，在培养孩子能力这个细节问题上，并不是家长为孩子设定什么样的目标，孩子就一定能达到什么样的目标。孩子的能力既是培养的结果，也是环境打造的结果，更是孩子自身修炼的结果。

很多时候，家长对孩子能力增长的指导并不等于孩子自身能力增长的实现，这不是家长所能最终把握的。但是，家长可以为孩子创造实现目标的机会，创造实现目标的条件及实现目标的环境。一个具备了孵化能力的鸡蛋，只有在适宜的温度下才能孵化出小鸡来，这适宜的温度恰恰是鸡蛋自己所解决不了的，必须由外界提供。对孩子能力的培养也是一样的，家长该为孩子做的事情，一定要为孩子做好、做到位。既不要走过场，也不能掉以轻心，而是时刻关注、尽职尽责，这是家长应该努力的事。

每个孩子都是一个个体，都有自己的成长特性，也都有自己的成长特色。就像世界上没有两片叶子是相同的一样，世界上也没有两个孩子的成长特征是一样的。因此，在培养孩子能力的过程中，家长必须学会因地制宜，创造一种适合自己孩子能力发挥的外部环境，创造一个有利于自己孩子利用的外部条件，让孩子在快乐中增长能力。我想，这是每个家长都能做到的事情，家长虔诚地去做了，就是对自己孩子最大的、最好的支持。

在很多事情上，虽然我们不能为孩子越俎代庖，但我们可以针对每个孩子的特点，在条件允许的范围内，有针对性地为孩子创造一个适应其能力发展的外部环境。

石头的特点表现在，他是一个淘气能淘出花样的孩子。他特别喜欢与小朋友们聚在一起，玩各种游戏，侃大山。石头虽然不是玩的领军人物，却一定是玩的中坚力量、核心分子。这些年，他就是这样走过来的，已经是习惯成自然了。另外，我也不希望把石头管成一个木讷的孩子，在我的心里，希望他有一个好的身体，有一个开朗的性格，有一股敢作敢为的冲劲……

我的一个观点是，孩子活泼好动，就要培养孩子的自我愉悦能力、影响力及感召力。

我调查发现，活泼孩子的自我愉悦能力、影响力及感召力，一个是来自孩子自身的素质，另一个是来自外部环境诸多因素的影响和作用。家长在其中起着重要的媒介作用，具有重要的影响。

孩子自身素质的提高关键在于孩子自身的修养，这是一个细活，不能急功近利。家长所能改变的只是一些来自外部的特定环境因素对孩子的影响和作用。只要我们关注到了这一点，并且尽自己能力把握住了这一点，就可以将外界影响孩子的不良因素转化为影响孩子的有利因素，从而为孩子提供自我愉悦的能力。

石头喜欢玩，既然是玩，我不仅希望他能与小朋友们玩好，也希望他能对小朋友们形成温馨的亲和力。因为只有有亲和力的孩子才不会孤单，才会有更多的朋友，才能养成豪爽的性格、大气的胸怀。

我通过对家属区这些孩子细致的观察发现，石头这一帮孩子们最喜欢的是玩足球，其次是打篮球，或打排球，剩下的就是打羽毛球，或者是踢毽子，偶尔也像女孩子那样跳跳皮筋。实在没玩的条件时，就聚在一起望着大街的车水马龙，一边纳凉，一边侃大山。

侃大山是石头的强项，这是他从幼儿园接承下来的硬功夫，不论校内、校外，他绝对是侃大山的核心人物。

石头足球也踢得相当不错，完全可以用"山中无老虎，猴子称大王"来形容，不论校内、校外，谁张罗玩足球都会首先想到他。

剩下的运动项目石头就不在行了，只要他参与其中，都是扮演拉后腿的角色，跟谁一伙，就会拖累谁。有他参加了，别人都不愿意与他一伙。

在学校，石头跑到篮球场参与打篮球时，同学们经常以人够了为借口拒绝他加入，这让他十分尴尬，而且这种丧气的情绪还会影响到他的学习，这道题还没做完，那边就想着玩了，因为怕去晚了，同学们更不要他了。很多情况下，石头都为抓紧出去玩，而对学习敷衍了事……

深入孩子们的世界，我发现，玩足球、打篮球也好，打排球、打羽毛球也好，踢毽子、跳皮筋也好，在玩之前，谁拥有足球、篮球、排球、羽毛球、毽子、皮筋，谁就是核心，谁就有话语权，谁就比别人有着更多的亲和力。而且，我经过追踪发现，孩子们在学校的活动也是一样。比如说，篮球是学校的，下课铃响的一瞬间，谁先拿到篮球，谁就是核心，谁就自然成了打篮球的召集人；羽毛球是学校的，谁先抢到羽毛球拍，谁就是核心，谁就自然成了决定让谁玩，不让谁玩的决定者……借助于客观的物质，抢得先机者，无形中就强化了人格的亲和力。这就成了环境影响行为的一个潜意识的法则。

　　家长充分利用好环境影响行为的这个潜意识的法则，给予培养孩子亲和力的物质基础，可以激发孩子寻找快乐，从客观上说，可以更好地培养孩子的亲和力，使之逐渐修炼成为孩子自身的优秀品质。

　　为了培养石头与小朋友之间那种温馨的亲和力，我充分利用了环境影响行为这个潜意识的法则，以奖励石头在学习上有所进步的方式，不动声色地让石头很快拥有了属于自己的一个足球、一个篮球、一个排球、一副羽毛球拍，还有数个毽子和数条自行车废旧内胎剪出来的皮筋供他自由支配。他可以在校外玩，也可带到学校里去。

　　亲和力的物质基础让石头终于彻底改变了自己原来的被动局面。他迅速成了校内、校外小朋友们的核心。他篮球玩得越来越有模有样，他想带谁玩就带谁玩，小朋友们都围着他转，他与小朋友们之间的关系变得更加和谐了。

　　甚至小朋友们分好队，玩学校篮球的时候，他来晚了，小朋友们也不会拒绝他参与，而是欢迎他随时加入玩的队列。这使他的心情变得快乐了，他学习的时候也能沉下心来了。而且，这种良好的情绪也促进了他更加努力地学习，使他的学习成绩有了明显的提高。

　　很多时候，物质这"魔力"也是可以充分利用的，把亲和力的物质基础加以控制地给予孩子，孩子就可以借助于物质更好地培养自己的亲和力，完善自身的品质，达到提高自身能力的目的。

附　录

一、小田鼠的故事

从前，北大荒跑来了六只银川的小田鼠。其中，从银川南来的三只小田鼠相互来往着，从银川北来的三只小田鼠相互来往着。在冬天来临之前的秋天里，六只小田鼠忙碌着，做过冬的准备。

从银川南来的第一只小田鼠和银川北来的第一只小田鼠拼命地收集粮食，把能找到的麦穗、谷穗、玉米、大豆等各种粮食一趟一趟地搬回自己的家。

从银川南来的第二只小田鼠和银川北来的第二只小田鼠拼命地寻找御寒的东西，把能找到的稻草、棉絮、羽毛等可以御寒的东西都一趟一趟地拖回自己的窝。

从银川南来的第三只小田鼠和银川北来的第三只小田鼠则一直在山间、田野、村头等到处游荡。一会儿到这看看，一会儿到那看看，哪里有热闹就往哪里凑，哪里有响动就到哪里去窥探。谁也看不明白这两只小田鼠在为冬天准备着什么。

冬天到了，六只小田鼠都待在各自的家里。由于每一只小田鼠都只准备好了过冬的一部分条件，所以每只小田鼠都遇到了过冬的困难。

　　从银川北来的三只小田鼠首先意识到了这一点，这三只小田鼠聚在一起商量，大家住在一起一起过冬。于是，这三只小田鼠搬到了一起，过冬的东西也集中在了一起，只有第三只小田鼠没东西，另外两只小田鼠并没有嫌弃第3只小田鼠。三只银川北来的小田鼠生活在一起，吃的东西不愁了，御寒的东西也齐全了。在暗淡昏黑的洞里，它们每天除了吃就是睡，天天过着寂寞无聊的日子，把这三只小田鼠都要憋闷死了，怎么打发这漫长的冬天成了比死还难受的日子。

　　这时，第三只小田鼠开始给另外两只小田鼠讲故事。比如，秋天山枣红的时候，它看见一个妇女摘山枣的时候被树枝刺疼了，那个妇女摘满的一篮子酸枣洒了一地，它还拣了几粒吃，放在嘴里酸酸的；在一个秋天的夜晚，它看见一个小男孩捉蝈蝈时被咬了手指头，疼得直落眼泪，小男孩哇哇哭的样子，简直是开心一刻；一个早晨，它在水塘边看到一个老人，用一个铁钩钩上一条蚯蚓甩到水里，用来骗鱼儿上钩……

　　另外两只小田鼠这才知道，第三只小田鼠储备的是冬天的快乐，这同样是冬天的需要。

　　从银川南来的三只小田鼠谁都不想让自己的劳动果实与别人一起分享。于是，它们各自守着自己的家过冬。

　　第一只小田鼠躲在狭窄的洞里，吃着自己收集到的粮食，在无聊中慢慢熬着渐渐变冷的冬天，寒冷进到洞里时，寒冷无孔不入，这只小田鼠无处躲藏，它只好把自己埋在粮食堆里，这丝毫挡不住冰冷的入侵。它只能无奈地任寒冷一点点冷透自己，慢慢地被寒冷冻僵，直到冻死。

　　第二只小田鼠躲在狭窄的洞里，用御寒的东西把寒冷挡在洞外。它身体暖暖的，只是缺少东西吃。它把洞内能吃的东西都吃掉了，实在没有东西吃了，只能忍耐着饥饿的煎熬，渐渐的身体失去力量。它想找第一只小田鼠借粮食，却失去了在洞内走动的力气。它幻想着能有其他小田鼠来看它，想着，想着……就饿死了。

第三只小田鼠躲在狭窄的洞里，没有吃的东西，只能挨饿；没有御寒的东西，只能受冻。它在饥寒交迫中，想象着秋天那一串串美好的故事，以此来打发窘境时光。它知道冬天是漫长的，也是寂寞的，幻想着用自己记忆的快乐，从另外的小田鼠那里换取粮食，换取御寒的东西。因为快乐是小田鼠在狭窄的洞里熬过漫长冬天的阳光，它想，其他小田鼠一定需要的，一定的……它在等待中耗尽了生命最后一刻的呼吸。

春天到了，只有银川北来的三只小田鼠快乐地度过了严冬，走进了春天。

二、小黑马勇获"千里驹"称号

从前，有十匹小马一起跑十公里越野赛，获得冠军者将获得"千里驹"称号，这对于小马来说，是梦寐以求的荣誉。

比赛开始后不久，就有一匹小黑马落在了后面。它见自己远远地落在了后面，非常丧气，就想放弃比赛。这匹小黑马的妈妈立即鼓励它，一定要坚持下去。妈妈告诉小黑马："比赛还没有结束，一切都是未知数，现在跑在前边的不一定就是冠军，落在后面的不一定就是失败者。"

小黑马听了妈妈的话，没有放弃比赛，继续跟在最后边跑着。

大约跑到一半的时候，只有五匹小马跑在前边，另外四匹小马落在了后边。这四匹小马一看，自己不论怎么努力也追不上去了。因为大赛规定，比赛只取前三名，所以它们都喘着粗气退出了比赛。

　　小黑马一看，跑在自己前边的四匹小马都退出比赛了，自己还坚持啥呀，也想退出比赛。在一侧陪跑的小黑马的妈妈再次鼓励它一定要坚持下去。妈妈告诉小黑马："谁能坚持到底，谁就是胜利者。"

　　小黑马再次听从了妈妈的话，坚强地留了下来，继续疲惫地跑着。

　　快到终点时，一条大河挡在前边的五匹小马的面前。面对湍急的河水，这五匹小马都愣住了，不知道怎么办才好。这时，裁判员兔子阿姨和骆驼大叔走过来，它俩告诉这五匹小马：你们可以渡河过去，也可以绕河过去。

　　一匹小马忙问兔子阿姨："阿姨，河水深吗？"

　　兔子阿姨伤心地说："河水真的是太深了，上个月，我的孩子就是从这儿过河淹死的。"

　　小马们惊恐地望着滚滚的河水，想下河的小马也把腿缩了回来，有的想放弃比赛，有的想绕过去。

　　看到小马们犹豫不决的样子，骆驼大叔说："河水是急了点，但是并没有兔子阿姨说的那么严重，应该是不深的，最深的地方连我的膝盖都没到。"

　　小马们不知道兔子阿姨和骆驼大叔谁说得对，也不知道应该听谁的。

　　在踌躇不决中，突然，一匹小白马选择急驰而去——绕道过河，继而另外两匹小马也紧跟其后追了上去。

　　等剩下的两匹小马反应过来时，那三匹小马已经跑得无影无踪了。这两匹小马自认为已经失去了绕河取胜的机会，只好怏怏地退出了比赛。

　　当小黑马跑到大河边时，它问兔子阿姨，兔子阿姨告诉它，河水太深了，已经淹死了它的孩子；它问骆驼大叔，骆驼大叔告诉它，河水最深的地方也没不了膝盖。

　　小黑马问妈妈应该听谁的，妈妈说："别人的话固然重要，但未必适合你，最重要的是自己能不能有勇气试一试。"

小黑马终于鼓起勇气，一步步试探着下到河里。它趟着河水走向对岸，上岸以后才知道湍急的河水既没有兔子阿姨说的那么深，也没有骆驼大叔说的那么浅，任何一个参赛的小马都可以平安地渡过河。

小黑马的勇敢为它赢得了比赛时间，也为它赢得了"千里驹"的称号。